自治体行政マンが見た
欧州コンパクトシティ
の挑戦

三鷹市総務部調整担当部長
一條義治 [著]

人口減少時代のまちづくり・総合計画・
地方版総合戦略のために

第一法規

目次 | 自治体行政マンが見た
欧州コンパクトシティの挑戦
COMPACT CITY in EUROPE | 人口減少時代のまちづくり・総合計画・
地方版総合戦略のために

はじめに 進まないコンパクトシティと
行き詰まるまちづくりのヒントを求めて

1　自治体の「焼き畑農業的対応」と続発する高齢者の運転事故……　1

2　欧州のまちづくりの成果を現地で実感するために……………………　2

3　12年間の計画担当の経験を踏まえ、「地方版総合戦略の抜本改
　　定から始めよう」との提案…………………………………………　3

第1節 まちづくりと公共交通の「聖地」
フランス・ストラスブールへ

1　世界中にインパクトを与えた憧れのLRTに乗車する！…………　5

2　日本のバスなどにはない公共交通の質の高さ………………………　7

3　車中心の都市の衰退——二度と行こうとは思わない街…………　8

4　環境派市長の登場による車の規制とLRTの導入 ………………… 10

5　「シャッター通り」はどこにもなかった …………………………… 12

6　フランスを代表する環境先進都市に……………………………… 13

第2節 フランス・ディジョンはワイン造りと
バス交通のトップランナーだった！

1　LRTでなくバス交通で都市交通のランキング1位に …………… 16

2　初めて乗った連接バスで「パンチをくらう」…………………… 17

3　バスの持てる潜在能力を最大限に発揮……………………………… 19

4　バス交通が「成功しすぎて」問題に直面する……………………… 21

5　「ワインレッド」の多様な交通施策が展開 ……………………… 23

i

コラム ちょっと寄り道（その1）
高速の文書作成の切り札、「親指シフト」とは？

1 「あなたは何回打っていますか？」……………………………27

2 「日本語を指がしゃべる」入力方式 ………………………28

3 「親指シフト」との出会いと涙の別れ ……………………29

4 無理やり別れさせられた「恋人」との再会………………30

5 職場で「百聞は一見にしかず」で理解を得る……………31

6 「そうだ、親指シフトにしよう！」………………………32

第3節 世界初の「移動権」を保障するフランスと
「2周遅れのガラパゴス」日本

1 赤字運営でいいの？──日本人視察者のお決まりの質問…………34

2 「世界初の移動権」を実現する交通目的税 ………………34

3 「連帯運賃」で運営する「水平エレベーター」…………………37

4 「周回遅れ」から「2周遅れ」に ………………………39

5 パリ市長の挑戦と「ガラパゴス日本」の行方………………………41

第4節 フランスのまちづくりの到達点を見た！
──都市計画、交通、住宅の個別計画一本化でコンパクトシティを推進

1 都市計画マスタープランが生物多様性にコミットする！？………43

2 市町村の都市計画で電線類の地中化が建設許可の条件に…………43

3 都市計画の規制で国内で最も地味なマクドナルド店に……………45

4 市街地の拡散を抑制して「都市の上に都市をつくる」……………46

5 「土地消費が進行した」との認識と反省から ………………………47

6 新規住宅整備のCO_2試算で建設地域を限定する ………………48

7 「交通不便地域解消」や「電線類地中化」は遅れた都市計画制
度の現れ…………………………………………………………………49

8 「三位一体」の計画で総合的なまちづくりへ ………………………50

コラム ちょっと寄り道（その2）
学習時間を倍増する切り札、「耳からの情報収集・学習法」

1　「あなたは毎日、何時間勉強していますか？」……………………54

2　「放送大学」の無料で多彩な講義を活用しよう ……………………54

3　「池上解説」も「早聞き」で聴こう ……………………………56

4　離れたところでも電波で飛ばして「早聞き」で聴こう………57

5　毎日の習慣で、勉強時間もあなたも大きく飛躍する！…………58

第5節 ドイツの「環境首都」フライブルクから学ぶ
脱原発のコンパクトシティ

1　森の枯死と原発計画を契機として……………………………60

2　「地域定期券」を支える「シュタットベルケ」……………………63

3　ドイツの都市計画制度とフライブルクの取組み………………64

4　「コンパクトシティ政策の三本柱」を駆使して ………………66

5　環境首都に相応しいソーシャル・エコロジー住宅地の建設………66

6　コンパクトな都市をつくるために問われる居住スタイル…………70

7　「自由の街」から学ぶ持続可能な都市のあり方 ……………72

第6節 コンパクトシティのまちづくりに向けて
地方版総合戦略の抜本改定から始めよう

1　「街ごと持って帰りたい」………………………………………73

2　求められる「総合計画」による「総力戦」の対応……………74

3　「コンパクトシティ政策の三本柱」の議論を ………………75

4　市街地を拡大させない都市計画の運用に……………………77

5　「第2期地方版総合戦略」でコンパクトテシィのあり方を検討
しよう……………………………………………………………78

6　根拠なき「目標人口」と「合計特殊出生率」の結果………79

7　総合戦略の改定は「抜本的な見直し」で進めよう……………80

8　国がやらなくとも「人口ビジョン」を改定しよう……………81

iii

9 国の方針と決別し人口減少を前提とした総合戦略を策定しよう…82

10 「都市圏総合戦略」を主体的に策定しよう …………………………83

11 自治体の政策で都市は変わる！…………………………………………84

おわりに **今こそ、「コンパクトで開かれた都市」を創ろう！**

1 初めて見た光景…………………………………………………………86

2 日本で見た光景…………………………………………………………87

3 「移動回数を減らさない」都市政策とまちづくり …………………88

4 6か国語対応のLRT券売機と9か国語の運賃説明 ………………89

5 探し求め、たどり着いた、まちづくりの実践………………………91

付録 ブックレビュー『"脱ミシュラン"フランス地域巡り』…………93

著者紹介……………………………………………………………………96

進まないコンパクトシティと行き詰まるまちづくりのヒントを求めて

1 自治体の「焼き畑農業的対応」と続発する高齢者の運転事故

　「焼き畑農業的対応」と近年の自治体の姿勢を批判するのは、東洋大学の野澤千絵教授である。

　人口減少時代では市街地の拡大を抑制し、中心部に都市機能や居住を誘導・集約して、人口集積が高密度なまちを形成する「コンパクトシティ」を目指すことが求められている。しかし、人口を確保したい自治体は、開発が規制された地域に、相続対策用のアパートなどが大量に作られることを認めるなど、未だにスプロール化につながる無計画な郊外の開発を許容しているとして、冒頭のコメントを一昨年の日本経済新聞で述べていた[1]。

　実際、同紙の調べでは、「コンパクトシティを目指す」として国土交通省が制度を設けた「立地適正化計画」を策定した116市町においてさえ、6割の自治体が誘導区域外の開発に何も手を打たず、さらには、同計画の策定が区域外の開発の抑制に「効果的」と答えたのは1自治体のみであった[2]。

　つまり、人口減少時代においてコンパクトシティの推進は不可欠であると認識されているものの、欧州のように「計画なければ開発なし」の原則に基づき、都市のスプロール化と中心部

---
(1) 日本経済新聞、2017年12月5日
(2) 日本経済新聞、2018年4月20日

の空洞化を食い止める政策が、日本においては実行されていないのである。

また、人口減少・高齢化に関係する昨今の大変気になるニュースとして、高齢者が運転して子どもをひいてしまうなど、高齢者による悲惨な自動車事故の続発が挙げられる。そして、それを報道するマスコミの論調はいつもお決まりで、運転能力が備わっていないのに運転をした本人を批判し、運転を許した家族を責め、また行政に対しては、もっと強力に免許を返納させる取組みを進めろと迫る。

このようなマスコミの主張は間違ってはいないのだが、本質的な議論になっていないと、ずっと違和感を抱いていた。つまり、高齢者が自ら運転しなくとも生活できるように、これまでの車依存のあり方を改めて、今こそ公共交通の再生・充実によるまちづくりを進めるべきとの議論がなぜ巻き起こらないのか、いらだちさえ覚えていた。

2 | 欧州のまちづくりの成果を 現地で実感するために

このような最近の問題意識から、以前から関心を持っていた欧州の都市政策について、改めて学ぶ必要があると思ったのである。なかでも、フランスやドイツの先進都市では1980年代からLRT（次世代型路面電車）[3]を中心とした交通政策と都市計画によって、移動距離の短いコンパクトなまちづくりに取り組み、まちの再生と活性化に成功し、日本の地方都市の象徴とさえなっている「シャッター通り」がないといわれている。

フランスやドイツの先進都市の政策については、日本の文献

(3) 次世代型路面電車は欧州では「トラム」と呼ばれているが、本書では日本で使われる「LRT」（Light Rail Transit–軽量軌道交通）を用いる。

でも多数紹介されているが、やはり「百聞は一見にしかず」である。本当に「シャッター通り」がないのか確認したいとの好奇心もあって、優れたまちづくりの成果を現地で実感するために、2017年の暮れから2018年にかけて渡欧したのである。

今回、コンパクトシティと公共交通のまちづくりの先進都市として訪問したのは、フランスは、まちづくりの「聖地」といわれているストラスブール、そしてバス交通で都市交通ランキング1位となったディジョン、ドイツは、「環境首都」と呼ばれているフライブルクである。

内陸地方の寒さがこたえる冬の時期だったが、各都市に3日～4日ずつ滞在して、単身、朝から晩まで街を巡り、これからの日本のまちづくりのヒントを探したのである。

3 12年間の計画担当の経験を踏まえ、「地方版総合戦略の抜本改定から始めよう」との提案

そこで、本書では、これらの三都市での見聞と自分の調べを併せて紹介するものである。

そして、本書の結びとして、今後、日本の自治体で取組みを進めるための視点と政策改革の切り口について提案している。

筆者の前の職場は企画部企画経営課で、総合計画の策定や改定に12年間携わり、最後は課長として現行計画の策定を総括した。

そこで、自身の経験と反省を踏まえつつ、これからの総合計画や地方版総合戦略の改定のあり方について、「コンパクトシティのまちづくりに向けて地方版総合戦略の抜本改定から始めよう」とのタイトルで、最終節において具体的な問題提起と提案を行っているところである。

それでは「欧州コンパクトシティ見聞の旅」に、どうぞ最後まで、お付き合いいただきたい。

第1節 まちづくりと公共交通の「聖地」フランス・ストラスブールへ

1 世界中にインパクトを与えた憧れのLRTに乗車する!

　近未来型デザインで、欧州議会の所在地にちなんで「ユーロトラム」と名付けられた超低床車両のLRTが、1994年にフランスのストラスブールの街を走り始めた時、世界中にインパクトを与えたという。

　まちづくりや公共交通の関係者の「聖地」として、ストラスブールには日本を含めて海外からも多数の視察者が訪れている。私も、到着して早速に、長年憧れていたスタイリッシュなLRTに乗車して、感動もひとしおだった（写真1）。

　ストラスブールのLRTは、かつての路面電車のイメージを一新する外観で、曲線を多く使い、窓やドアを大きく取った斬新な車両は100％低床車である。また、「芸術の国フランス」らしい、円形のガラスシェルターが特徴的な「オム・ド・フェール」（鉄の男広場）停留所は東西の路線が交差する乗換駅であり、公共交通と歩行者だけが通行できるトランジットモールになっている。斬新な車両と停留所が古い街並みと調和し、街のにぎ

【写真1】かつては車があふれた幹線道路はLRTが走るトランジットモールとなり、車内は買物や観光の乗客で混み合っていた。（「写真」は以下も筆者撮影）

【写真2】「オム・ド・フェール」（鉄の男広場）停留所では数分間隔で各方面に行くLRTが行き交う。

【写真3】LRTのホームと車両は同じ高さで、ほとんど隙間がない。

わいの中を静かでクリーンなLRTが次々とやってくるのである（写真2、3）。

　一般の停留所も、透明な待合室や案内モニターのある円形の券売機など、車両とイメージを合わせている（写真4）。

【写真4】ホーム中央左の円形の券売機で購入した乗車券は、右端のチケットキャンセラーで打刻する。一日券を買って朝の6時過ぎに乗っていたら車内で検札係に会い、乗車前に打刻するように注意された。写真左のEU旗とフランス国旗がたなびく歴史的建物は市庁舎

　また、吸音効果を狙って軌道に植えた芝生（写真5）が、「公園の中をLRTが走っているみたい」と大変評判が良く、その後、国内の各都市がLRTを導入するのと合わせて、芝生の軌道もフランス全土に広がっていったのである。

【写真5】芝生化された軌道を走る「ユーロトラム」の後継車両の「シタディス」

2　日本のバスなどにはない公共交通の質の高さ

　ストラスブールのLRTはデザイン性だけではなく、都市の基幹的な公共交通として質が高いことも、利用者の信頼を得ている。日本のバスや路面電車、LRTのように、信号で停車したり自動車に追い抜かれたりすることはなく、専用通行路の確保や優先信号のシステムによって、停車するのは停留所だけである。

　ちなみに日本に来たフランス人は、公共交通であるバスが、後続の車が追い抜いていくのを停車して待っているのを見て大変おどろくらしい。つまり、公共交通より車が優先して走ることなどありえず、市街地中心部に近づくほど、車は侵入や速度が規制されて遅くなるのに対して、公共交通は最も早く優先して運行できるのは、その役割を果たすためである。

　また、日本のバスや路面電車などでは、1か所の乗車扉から乗って順番に運賃を支払う方式（パッセンジャーフロー方式）のため、特に乗客の多い時などは乗車に時間がかかる。そして、下車するときは車内を降車扉まで移動する必要があるため、体の不自由な人やベビーカーの利用者などには不便で、停車時間も長くなってしまう。

　ストラスブールのLRTでは、車両の全ての大きな扉から乗

降車できる、運賃収受については「信用乗車方式」を採っているため、停車時間も含めた「表定速度」は時速20km程度に保たれている。

それに対して、都内を営業エリアとする東京都交通局のバスの「表定速度」は10kmを下回るといわれており、それだけ都民は時間をロスし、「急ぐ時は遅いバスより車に」となってしまうのである。

しかし、ストラスブールが新たな公共交通によって都市の再生を図り、まちづくりの「聖地」といわれるようになるまでには「物語」のようなプロセスがあり、その背景も含めて紹介したい。

3　車中心の都市の衰退——二度と行こうとは思わない街

フランスとドイツの国境のアルザス地方に位置するストラスブールは、ライン川の西側に広がり、歴史的にはフランスとドイツがたびたび領有権を争った地として知られている。またアルザス地方の首府であり、市の人口は27万人で、同市が中核となり、近隣の27市町村で構成する広域自治体連合（メトロポール）では45万人の規模となる。

なお、都市交通や都市計画などは「広域行政」としてメトロポールが事業主体となり、連合の議長にはストラスブールの市長が就任し、職員は同市の職員が兼務し、庁舎も市役所内にある。

地理的には、フランスでは東の端の「辺境の地」となるが、欧州全体から見れば「真中」になるという条件と（図1）、戦争のたびにフランス・ドイツと所属する国が何度も変わった複雑な歴史的背景から、現在では「欧州の平和の象徴」として欧州議会、欧州評議会、そして欧州人権裁判所など、欧州統合に

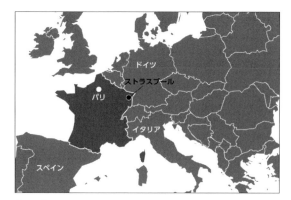

【図1】フランス・ストラスブール位置図

関わる国際機関が多く設置されている。

　今では、LRTによるまちづくりで魅力的な都市となり、多くの人が訪れ、にぎわっているが、以前は内陸の「暗くて、寒くて、寂しい街」といわれていた。

　ストラスブールには、かつて路面電車があったが、1962年に廃止されて車中心の都市となり、1980年代後半では通勤交通手段の割合で自動車が7割、公共交通が1割と、公共交通の利用率はフランスの他都市に比べてむしろ低い方であった。

　歴史的地区である中心市街地（0.8 × 1 km）を毎日24万台の車が通過するとともに、中央を南北に抜ける幹線道路（資料1）にも1日に5万台が通行し、その4割が通過交通であった。そのため大気汚染や交通渋滞が深刻な問題となり、郊外に大型ショッピングセンターが続々と出店したこともあって、中心市街地の衰退とシャッター通り化が進んだ。

　つまり、日本よりもモータリゼーションが早かった分、車中心社会の弊害が生じるのも早く、いわば現在の日本が直面している中心市街地の衰退や空洞化など、同じような問題に既に直面していたのである。あるいは、「同じような」というより、もっ

【資料1】LRT導入前は通過交通の車であふれ、シャッター通り化が進んでいた中心部の道路に、今は写真1の第1路線が走る。

とひどいすさんだ状況で、「街の中心に行けば行くほど人が少なく、一度行ったら二度と行こうとは思わない街」とまでいわれていたという。

4　環境派市長の登場による車の規制とLRTの導入

　このようなことから、交通機関の整備方策として、1985年にはいったん、車の通行には影響を与えない小型の自動運転地下鉄（臨海副都心を走る「ゆりかもめ」のような新交通システムの地下鉄タイプ）の導入を決定した。

　しかし、1989年に行われた市長選挙では、それまで選択肢として検討されていたLRTか小型地下鉄かが争点となり、市民を巻き込んでの論戦が展開された。当時、野党であった社会党は、都心部の通過交通の規制と輸送力のある近代的なLRTを主張し、対して市街地の商店主たちは、車の利用客が減ることを心配してLRTに強く反対し、地表にもっと駐車スペースもできる小型地下鉄を支持した。

　選挙の結果、緑の党出身で、環境を重視する社会党の女性市長が誕生し、カトリーヌ・トロットマン市長（写真は41頁）は就任半年あまりでLRT導入の新交通計画を策定したのである。

　中心市街地の通過交通を排除して、歩行者に最も優しい街をつくり、「道路空間の再配分」を行うとの政策に対して、地元

のメディアからは「当局は街から重要な車を追い出そうとしている」との批判が相次いだ。これに対して、事業開始に向けてLRTへの理解を求め、車中心の社会からの転換を求めるキャンペーンのポスターを作っている。ポスターではストラスブール通りでのシミュレーションとして、LRTの一両編成で、バス3台分の人数を、また車177台分の人数を運ぶことができることをアピールしている（資料2）。ポスターの左から車の写真には「咳き込む」、バスには「呼吸する」、そしてLRTには「深呼吸できる！」と書かれている。

　反対派や地元のメディアへ反論するに当たって、このようにインパクトがあり、かつ的確にポイントを押さえて主張する「センス」と「度胸」を、はたして日本の行政は持ちえているだろうかと思う。

　またフランスでは、都市計画や都市交通の公共事業について、住民を対象とした法定の合意形成のプロセスとしてコンセルタシオン（事前協議）が義務付けられている。LRTの第1路線でもコンセルタシオンが行われているが、市街地の商店主のほか、古い路面電車に悪いイメージを持っている高齢者を中心に、

【資料2】LRT推進キャンペーンポスター

LRTへの反対も多かった。そこで担当の交通局長らは、住民に対する説明と議論を500回以上行うなど、粘り強く説得した。合わせて、「補償委員会」を設置して、工事中の売上げの減少を補てんする対応も進めたのである。

5 「シャッター通り」はどこにもなかった

　このような取組みを進め、驚くべきことに、選挙から5年後には、つまり市長の6年の任期中の1994年に、南北延長12kmのLRT第1路線の運行を開始している。

　LRTの導入効果としては、1990年から10年間で、中心部の歩行者は2割増え、買物客は3割増加した。車の進入を禁止したため空気がきれいになり、親子連れなども安心して街を歩くことができるようになった。また車の利用者は、中心部の高い駐車料金を気にして滞在時間が短かったが、LRTと合わせて整備したパーク＆ライド駐車場の利用により、ゆったりと買物や食事を楽しむようになり、これらの結果として店の大幅な売り上げの向上につながっている。

　また、公共交通の利用者は4割増加して、1日に10万人以上の人を中心市街地に呼び込んだ。国際的なブランド品を販売する店舗などの進出により不動産投資も活発化して、地価も上昇した。そして特筆すべき点として、市内に進出する店も増え、閉店率はフランスの都市で最も低く、最近は3.5％まで下がるなど、まちはすっかりよみがえったのである。

　私も裏通りを含めて街中を歩いてみたが、日本の地方都市では当たり前のように見られる「シャッター通り」は、ストラスブールではどこにもなかった。

　ちなみに、フランス国内で閉店率が低い都市は、ストラスブールのほか、ナントやグルノーブルなど、都市の規模は小さくて

も、いずれも1980年代にいち早くLRTなどの公共交通を整備した都市であり、公共交通の充実と閉店率には明確な相関関係があるという。

かつて、市街地の商店主たちは車の利用客が減るとして第1路線に強硬に反対したが、その導入効果を目の当たりにして、東西の第2路線では計画の決定前に、いち早く予定地の営業権の確保に動いたとのことであり、LRTがまちづくりに及ぼした影響の大きさがうかがい知れよう。

6　フランスを代表する環境先進都市に

LRTの整備と合わせて都市も大改造され、市街地の幹線道路はトランジットモールになって歩行者空間に変わり（資料3）、駐車場となっていたクレベール広場は、駐車場の地下化によって広場として復活した（写真6）。

中心部への車の利用者のために、環状道路の周辺に3か所・1,700台収容のパーク＆ライド駐車場が整備され、搭乗者全員が数百円で割安に乗車できる駐車料金込みの運賃も設けられ

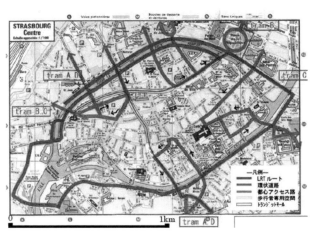

【資料3】中心市街地の交通規制、環状道路と歩行者ゾーン

【写真6】かつては1日に5万台の車が通過していたクレベール広場に、冬季は市が2千万円をかけた高さ30mのクリスマス・ツリーが設置される。アルザス地方はクリスマス・ツリー発祥の地といわれ、同市のクリスマス・マーケットはフランス最大の規模とにぎわいであり、ツリーの前は国内外からの観光客の撮影スポットとして大人気だ。

た。

　また、中心市街地に入るバスルートの路線の見直し・再編が行われ、市街地周辺部のターミナルでLRTと接続し、ホームを挟んで乗り換えができるようになった。これまでのバスの主要路線がLRTにとって代わられるということで、バスの乗客は大きく減ると見込まれていたが、車から公共交通へ転換した人が多かったため、結果としてバスの乗客数は増えたのである。

　そして、ストラスブールではLRTとバス以外にも、これらを補完する先進的な環境交通対策を進めている。国内で最長となる600kmの自転車専用道路や専用レーンが整備され、フランスで最も自転車が利用される都市となった。また、カーシェアリングを初めてフランスで実用化したのもストラスブールである。

　何よりLRTの導入は、都心部の交通対策のみならず都市景観形成にも寄与し、都市のイメージを向上させ、まち全体の状況を劇的に変化させることに成功した。

　「暗くて、寒くて、寂しい街」が、フランスを代表する環境先進都市となり、それを象徴的に、「街のイメージが黒から白に変わった」と表現する市民もいるとのことである。

かつては冬季のホテルの稼働率は5割を切っていたが、今は多くの人が訪れるため市内の宿泊をあきらめる人も多い。私も、早めに動いたにもかかわらず、市内のホテルの予約に大変苦労し、ストラスブールの人気を実感したところである。

　現在、ストラスブールのLRTは圏域内で6路線がきめ細かく運行し、一昨年にはライン川の国境を越えて、ドイツの街まで運行するようになった。まさに名実ともに「ユーロトラム」になったのであり、ストラスブールのまちづくりはとどまることを知らないようである。

　振り返って日本の状況を見ると、宇都宮市のLRT計画が、ストラスブールと同様に軌道を全線新設する方式では日本初として、まちづくりや公共交通の関係者から期待と注目を集めているが、1990年代前半に検討を始めてから四半世紀を経て、昨年にようやく工事に着手できた状況である。

　数年で都市の大改造と再生を成し遂げたストラスブールと、全国で都市のスプロール化と空洞化が進行し、公共交通の衰退と高齢者の自動車事故が続発するのに有効な手立てが打てず、展望が見えない日本の行政。

　その差を埋めるために、何をすればよいのか。考えながら欧州の旅は続く。

【本節の参考文献】

■ヴァンソン藤井由実『ストラスブールのまちづくり』学芸出版社（2011年）

■望月真一『路面電車が街をつくる − 21世紀フランスの都市づくり』鹿島出版会（2001年）

■三浦幹男・服部重敬・宇都宮浄人『世界のLRT』JTBパブリッシング（2008年）

■国土交通省『まちづくりと一体となったLRT導入計画ガイダンス』（2005年）（掲載資料の出典元）

第2節 フランス・ディジョンはワイン造りとバス交通のトップランナーだった！

1 LRTでなくバス交通で都市交通のランキング1位に

　ディジョンはフランス中央部の都市であり（図）、日本ではワインの名産地として知られているブルゴーニュ地方の首府である。また、市街地の歴史地区は世界遺産リストに含まれており、「美食の街」としても有名で、エスカルゴの本場であり、人気のあるマスタードの生産地でもある。

　ディジョンの人口は15万人で、同市が中核となり、都市交通の主体ともなる、近隣の24市町村で構成する広域自治体連合（ディジョン・メトロポール）では25万人の規模となる。

　市や都市圏の規模では、前節で紹介したストラスブールや、第5節で紹介するドイツのフライブルクと比べると小さい。また、ディジョンの政策を紹介する日本の文献は他の2都市と比べると格段に少なく、日本から視察や調査で訪れる人も多いとはいえないだろう。

　しかし、私が今回の訪問都市としてディジョンを選んだのは、

【図】フランス・ディジョン位置図

同市がバス交通を徹底強化し、メディアが行う都市公共交通のランキングで、LRT を中心とするフランスの他都市を押しのけて唯一バスのみで 1 位となったこと。また、フランス環境省の都市公共交通政策賞を受賞するなど、やはりバスが都市交通の中心となっている日本の自治体への応用の可能性が高いと思ったからである。

2　初めて乗った連接バスで「パンチをくらう」

　ディジョンは BRT（Bus Rapid Transit−バス高速輸送システム）をフランスで最初に導入した都市であり、それは 1978 年に、やはり国内初となる 2 台分の車両がつながる「連接バス」の運行を開始したことから始まる。

　私は連接バスについて初めてディジョンで体験したのだが（写真 1）、まず驚いたのが車内の広さである。

　日本初の LRT である富山市の車両は欧州の LRT 車両に比べると小型で、連結する車両数もかなり少ないが、ディジョンの連接バスは、小型の LRT と同じぐらいの広さに感じた（写真 2、3）。

　そして、走り始めると連接バスなのにスピードが速く、「路線バスがこんなに飛ばすの！」という感じであり、専用レーンの走行を含めて他の車をどんどん追い抜いていく。日本とは逆

【写真 1】ディジョンの幹線路線を走る連接バス

17

【写真2】連接バスの後部車両から進行方向を見た車内

【写真3】連接バスの広い車内にはLRTと同様に車椅子利用者の専用スペースが確保されている。

の光景であるが、「公共交通こそ道路を優先して走行する」という、世界では当たり前の原則を改めて実感した。

　そして下車するときも、「パンチをくらった」のである。

　私がバスを降りるときには、写真4のとおり、ピッタリとバス停に寄せて停車し、その時は軌道交通であるLRTとホームよりも隙間がなく、指も入らないぐらいであった。これなら車椅子利用者も、自走でバスに乗降車ができる。

　私は初めて知ったのだが、バリアフリーの観点からバスを停留所にピタリとつけて停車することを「正着」といい、欧州ではバス停の縁石にタイヤを擦りつけるようにしてスムーズに停車させる技術が求められ、側面が補強された「正着用タイヤ」も普及しているという。

【写真4】それぞれのバス停はバスの乗降車口と同じ高さで整備されており、完璧に「正着」すると段差も隙間もない。

また、フランス西部の人口11万人の都市のルーアンでは、全てのバスに光学ガイドシステムを搭載し、バス停での「正着」を実現している。

　具体的には、バスのフロント部分に設置された光学式のカメラが、バス専用道路の舗装に描かれた白線のパターンを光学的に読み取り、バス停の前後30ｍでは光学ガイドシステムが稼動して自動ステアリング走行に切り替わり、その間、運転手はハンドルを操作することなく、バス停と5cm以内の隙間で停車するのである（資料1）。

　ルーアンのシステムは、運転手の技量に影響されることなく「正着」を実現する取組みであるが、欧州では軌道交通でないバスにおいても、バリアフリーの観点から「正着」することの重要性を認識しているのである。

　日本では、ようやくタイヤメーカーで正着用のタイヤとバス停の縁石の開発が進められているが、東京五輪の時に、「日本の正着の技術」を訪日客に見せることはできるのだろうか。

3　バスの持てる潜在能力を最大限に発揮

　現在、ディジョンのバスは5つの幹線系統と13の支線系統があり、幹線系統は連接バスを集中的に投入し、日中でも6〜10分間隔の高頻度運転を行うなど、LRTレベルのサービス水

【資料1】ルーアンのこのタイプのバスはフロント上部に光学ガイドシステムのカメラを搭載し、白線のパターンを読み取って自動ステアリング走行をしている。（写真はWikipediaより）

準を供給している。

　ほかにも、市内中心部を経由せずに周辺部を結ぶ数系統の環状バスや、都市圏を構成する人口1万人以下の小規模の市町村との間を運行する各種のオンデマンドバス、さらには深夜1時から朝方まで運行するナイトバスまで運行している。

　そして特筆すべきは、一昨年の8月から運行を始めた電気バスの「ミニバス」である。

　市内の主な中心部は、一般車両は進入禁止であるが、世界遺産にもなっている歴史的な旧市街地には、高齢者や障がい者などの「移動弱者」を含めて多くの観光客が訪れている。そこで、環境に配慮し、かつデザイン性にも優れた電気バスのミニバスを循環運行しているのである（写真5、6）。

　6kmの循環ルートを10分間隔で運行し、乗車は無料であり、多い日には1,400人が利用する人気ぶりである。

　このようにディジョンは、各種のバス（写真7）の持てる潜在能力を最大限に発揮したバス交通システムを確立するなど、日本の自治体も学ぶべき点が多い、公共交通政策の優れた都市であると現地で改めて実感したのである。

【写真5】市内中心部への道路は、一般車両は進入禁止だが、バスと自転車は専用レーンがある。

【写真6】ディジョンの「ミニバス」は、コミュニティバスとして運行される日本の「ミニバス」よりもさらに車体がコンパクトであり、筆者は「電気チビバス」とネーミングして何度も乗車した。

【写真7】一般タイプのバス。ディジョンの街なかでは、「連接」「ミニ」「一般タイプ」と3種類のバスが走っているが、全車両の半数が「ハイブリッドバス」であり、環境に特に配慮している。(日本の乗合バスでは約1割)

4 バス交通が「成功しすぎて」問題に直面する

　フランスで公共交通の先進都市となったディジョンであるが、前節のストラスブールと同じように、やはり、そこに至るまでの「物語」があった。

　もともとは、モータリゼーションが進んだフランスの他都市と同じように、車依存の都市でスプロール化が進み、70年代には1万人以上の人口減少と中心部の空洞化が進んだ。

　そこで、車中心のまちづくりを改め、中心市街地の活性化のために、車に占拠された都市空間を歩行者中心の空間に変えることから始めたのである。

　中心部に歩行者専用道路（写真8）や、歩行者と公共交通のバスが通行できるトランジットモールを設けるとともに、周辺

部のバス停の近くに中心部へのアクセス用のパーク＆ライド駐車場や、バイパス道路を整備した。

　また、バス交通の充実のために専用レーンや専用道路の整備を進めるとともに、車両の半数を輸送力のある連接バスにして、利用度の高い路線は数分間隔で運行し、遅れても９割を３分以内にとどめた。

　そして、運賃や定期代を国内で最も低く抑え、市民の公共交通の利用回数は国内平均の２倍を超え、地下鉄が走るパリやリヨンにも引けを取らないレベルとなった。また一方で、運賃収入による経営面も良好であった。

　中心部の居住回復の再開発政策も相まって、1990年代には街なかの人口が3,000人増え、20代から40代が５割近く増加するなど、市街地の再生と活性化に成功したのである。

　しかし「物語」は、これで終わらなかった。

　バス交通が「成功しすぎて」、利用者の大幅増に伴う増便を行い、また、中心市街地の居住者と訪問者が増えたことにより、一般車両が通行しなくとも中心市街地のトランジットモールでバスの渋滞が発生するという、公共交通の衰退と中心市街地の空洞化が進む日本ではあり得ないような問題に直面したのである。

　そこで、連接バスより輸送力のある交通政策を検討し、つい

【写真８】市街地中心部の歩行者専用道路。商店の荷物搬入などで必要な時はバンプが下がり、関係車両などは入ることができる。

に 2013 年に LRT を導入したのであった。

5 「ワインレッド」の多様な交通施策が展開

　これまでディジョンは、市の人口が 15 万人、都市圏でも 25 万人の規模では LRT は過剰設備であり、安価な BRT が合理的であるとバス交通の徹底強化を進めてきた。しかし、利用者の大幅増と街なかのバスの渋滞に対処するためには、バス専用レーンの拡充などでは限界があり、熟慮を重ねた結果、輸送力の飛躍的な拡大には LRT の導入しかないと、大きな決断をしたのであった。

　しかし堅実なディジョンは、LRT の導入に当たって前例のないコストカットの工夫をしている。

　フランスの LRT は「フレンチトラム」と呼ばれ、各都市が独自のスタイルとデザインの車両を競い合って導入し、それが「都市の顔」となっている（資料 2）。しかし、その独自車両の単独発注が、LRT 導入のコスト増の要因にもなっていた。

　そこでディジョンは、同時期に LRT の導入を決めた、西海岸にある人口 14 万人の同規模の都市であるブレスト市（図）とともに、普段は何の交流もない両市であるが、同じ車両の共同発注を行って購入価格の引き下げ交渉を車両メーカーと行ったのである。

　その結果、同じ時期に単独購入をした大都市であるマルセイユと比べて、3 割減の契約に成功したのである。

　日本の自治体でも、各団体でオリジナルのコミュニティバスの運行をしているが、購入価格を抑えるために、他の自治体と共同発注して引下げ交渉をするなどの実績はあるのだろうか。しかも、普段は全く交流のない都市との連携なのである。

　また、両市が発注した車両の形式は同じでも、車体のカラー

【資料２】左上のLRT車両はリヨン（市の人口50万人）、右上はマルセイユ（同86万人）→港町から船のデザイン、左下はランス（同18万人）→シャンパンの産地からシャンパングラス、右下はオーバーニュ（同4万人）→車体と内装に沢山の一つ目小僧！などの個性的な「フレンチトラム」。立ち寄ったリヨンのLRTを見たときは「ポケモン顔」にしか見えず、デザインの趣旨を調べると、フランスを代表する絹織物業の都市であることから「蚕（かいこ）の顔」にしたとのことで、さすがに「芸術の国」らしい発想であると思った。

　ちなみに横浜市は、港湾都市ではないリヨンと姉妹都市になっている。それは、欧州で流行した蚕の病気でリヨンの絹織物業が壊滅的な打撃を受けたとき、それを救ったのが、開国した日本から輸入した病気に強い蚕と生糸であった。そして、日本側の輸出港となった横浜とリヨンとの絹の歴史的なつながりから、1959年に横浜市での2つ目の姉妹都市になったという。まさに、「LRTの顔に歴史あり」である。（写真はWikipediaより）

で都市のアイデンティティを出し、ブレストは黄色を、そしてディジョンは地域の名産にちなみ、「鮮やかなワインレッド」を採用したのである。

　現在ディジョンでは、2路線のLRTと（写真9、10）、LRT導入時に同じ色の車体に変更した200台のバスが国内トッ

【写真9】LRTが運行を始めて5年であったが、街の新たなシンボルとしてすっかり定着していた。

【写真10】LRTの乗り場に改札はないが、切符は乗車前にホームで購入し、定期や各種パスは車内でパネルにタッチする。車内で検札係に無賃乗車が見つかると、その場で50ユーロ（約6,300円）が、支払いが20日を過ぎると122ユーロ（約15,000円）が徴収される。日本での不正乗車の割増運賃（正規運賃の3倍以内）より、かなり高額の違反金である。

プレベルで運行している。

　さらに、市民の身近な移動手段として、やはりワインレッドのシェアサイクル800台が40か所のステーションで利用されている（写真11〜13）。

　ディジョンの政策をPRする政策パンフでは、LRTの導入が中心部での渋滞問題を解消するなど、5年間で大きな成果を上げ、また、バスやシェアサイクルがどれだけ市民に利用されているか、そして、これらの交通施策がいかに街の活性化と環境目標に寄与しているかを、実証的に、そして誇らしげに紹介

第2節　フランス・ディジョンはワイン造りとバス交通のトップランナーだった！

【写真11】LRTの駅などに40か所のシェアサイクルのステーションがある。シェアサイクルは、24時間から1年間の範囲の期間で利用できる。

【写真12】ディジョンでは自転車用レーンが340km整備されている。

【写真13】交差点での自転車の停止位置は自動車より前にあり、様々なところで自転車の優遇施策がとられている。

している。

　その資料を手渡しながら、「ディジョンの最も重要な交通政策には、最も優秀なスタッフ達が従事している」と、やはり誇らしげに語る職員に対して、同じ自治体職員としてうらやましい気持ちとともに、日本の実情と比べると複雑な思いを抱いて役所を後にし、にぎわう市街地を歩いて宿へ戻ったのであった。

COLUMN

コラム・ちょっと寄り道（その1）
高速の文書作成の切り札、「親指シフト」とは？

> このコラムでは、自治体職員をはじめ読者の皆さんにもお役に立つのではないかと考える、筆者が実践している仕事や勉強での「ちょっとしたスキル」をご紹介します。

1 「あなたは何回打っていますか？」

　読者の皆さんは、パソコンで「かきくけこ」と文字を入力するときに、キーボードを何回、打鍵しているだろうか。

　「何をいまさら？」と思うかもしれないが、ほとんどの人は「K・A・K・I・K・U・K・E・K・O」とローマ字で「10回」、キーを打鍵していると思う。

　しかし、私は半分の「5回」である。それは、「か・き・く・け・こ」と、ローマ字入力でなくカナ入力をしているからだ。

　メールや業務関係の資料、起案書、あるいは議会答弁書の作成など、私たちの仕事の多くは文書作成に費やし、パソコンで入力作業をしている。

　そこで、たいていの人はローマ字入力をしているが、ローマ字入力は英語の入力を前提としたものであり、日本語の作成では冒頭の「かきくけこ」のように、やたらと打鍵数が多くなってしまうのである。

　また、パソコンのキーにはローマ字とカナ文字が刻印されているが、一般的なパソコンのJISキーボードではカナ文字はひとつのキーに1文字で、図1のように4段にわたって50音が配置されている。そのため、JISのカナ入力は打鍵数が少なくても指の動く範囲が非常に広くなり、離れたところにあるカナ文字はキーボード見ないと入力できないため、手元を見ないで素早く入力する「タッチタイピング」ができないのである。

【図1】 JISキーボードのカナ文字の配置

2 「日本語を指がしゃべる」入力方式

　そこで、打鍵数が少ないカナ入力をしながらも、手元を見ない「タッチタイピング」でサクサクと高速で文書作成ができるのが、紹介する「親指シフト入力」である。

　親指シフトは図2のようにキーボード3段でカナが配列され、その配置も、よく使われる文字がホームポジションの使いやすい位置にある。

　図3は、親指シフトのキーボードの全体図であるが、一番下の「親指左」と「親指右」のキーは、親指左が通常の「スペースキー（空白キー）」で、親指右が「変換キー」にあてられる。

　そして、例えば○をつけた、ホームポジションでは右手の人さし指が置かれる「お・と」は、通常は「J」のキーであるが、そのまま押すと「と」が入力され、親指右（変換キー）と一緒

【図2】 親指シフトキーボードのカナ文字の配置

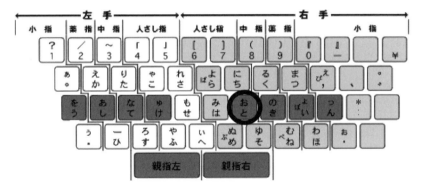

【図3】親指シフトのキーボードの全体図

に押すと「お」と入力され、ひとつのキーで複数のカナ文字を入力できるため、使うキーの配置がコンパクトにまとまっているのである。

　このようなことから、ローマ字入力に比べて親指シフト入力はキーを押す回数が4割少なく、6割程度で済み、1.7倍のスピードで入力できることから、「日本語を指がしゃべる」入力方式といわれている。

　実際、著名な作家やジャーナリスを含め、特に文筆業の人に親指シフト入力の愛用者は多いのである。

3　「親指シフト」との出会いと涙の別れ

　私が学生の時に、初めて購入した文書作成の機器はパソコンが普及する前だったのでワープロだったが、親指シフトのキーボードを唯一採用していた富士通のオアシスを購入した。

　それは、大学生協が発行したパンフレットで各メーカーの機種の特色を紹介するなかで、「スピーディーで効率的な論文作成を重視するなら、頭に浮かんだ文章を高速で入力できる親指シフトの富士通・オアシスがお薦め！」とあったのが決め手と

なり、学生の中では少数派であったが、オアシスを購入して親指シフト入力を覚えたのである。

　26文字のローマ字の2倍となる、カナ入力をマスターする方が当然時間はかかるが、若かったこともあり、1週間程度で親指シフト入力をマスターして、カナ入力のタッチタイピングができるようになった。

　その後、三鷹市に入庁すると、なんと職場のワープロは全て親指シフトキーボードのオアシスであり、先輩職員も親指シフトでカナ入力する人が多かった。当時は三鷹市に限らず、自治体ではオアシスのワープロが最も多く採用されており、その頃の自治体職員は親指シフト派が少なくなかったのである。

　しかし、その後、パソコンの普及が進みワープロが撤去されると、パソコンのキーボードはJISキーボードが標準のため、入力方式も親指シフトのカナ入力からJISのローマ字入力への変更を余儀なくされたのであった。

　「英語の文章を書くならともかく、日本語の文章作成では親指シフトのカナ入力が絶対に優れているのに・・」と思いつつ、これも時代の流れと泣く泣くあきらめて、遅ればせながらローマ字入力を覚え、切り替わっていったのである。

4　無理やり別れさせられた「恋人」との再会

　その後は、私も役所内でも「親指シフト」はすっかり忘れ去られていたが、2007年に出版された経済評論家の勝間和代さんの著書『効率が10倍アップする新・知的生産術』を、同年にたまたま購入して読んだのである。

　するとその本では、勝間さんも大学生の頃から、最も効率的な入力方法と考える親指シフトを使っていること。そしてパソコンになってからも、専用の親指シフトキーボードをパソコン

に接続してカナ入力を続けていること。さらには、親指シフト入力を可能にするソフトウェアを使えば、一般的な JIS キーボードのパソコンが親指シフトに切り替わり、親指シフトキーボードと同じようにカナ入力ができることが紹介されていたのである。

同書の親指シフトの記述を読んだ時は、かつて無理やり別れさせられた「恋人」に再会したかのように、とても感激したのである（もちろん比喩ですが）。

早速、JIS キーボードでも親指シフト入力ができるフリーソフトをダウンロードして、親指シフト入力への再転換に取り組んだのである。

5　職場で「百聞は一見にしかず」で理解を得る

しかし、本意ではないとはいえ、10 年近くローマ字入力と付き合っていた私の手に、「親指シフトちゃん」は簡単に戻ってきてはくれなかった。

学生の時はゼロから始めて 1 週間もかからなかったのに、やはり歳をとったことを痛感したが、結局、再び親指シフト入力ができるようになるまで 3 ～ 4 週間かかったのである。

しかし、親指シフトのタッチタイピングが「完全復活」すると、文字入力の速度が一気にアップし、文書作成が中心となる仕事の効率も向上したのであった。

親指シフトのソフトは容量も軽く、デスクトップなどに置いてクリックすれば直ぐに機動して入力方式が変わるため、職場のパソコンでもインストール作業は不要であり、「管理者権限」がなくても利用できる。また、出張先などで他のパソコンを使う場合でも、USB メモリーに入れて持参したソフトを起動すれば、親指シフト入力ができるのだ。

そして、役所内では私だけが親指シフトのソフトを職場のパソコンで日常的に利用することになるため、念のために情報システム担当課に電話で説明をして承諾を得ようとすると、担当職員も委託会社の専門のSEさんも、「親指シフトって何ですか？」という感じであった。

　そこで、本書のテーマと同じく「百聞は一見にしかず」と思い私のデスクに2人に来てもらい、2人の名札を見て、親指シフトで両者の氏名を入力してみせた。いつも本人がやっているローマ字入力でなく、初めて見たカナ入力の少ない打鍵で素早く画面に出た自分の名前を見て、2人からは思わず「はやっ！」との言葉が出た。

　おかげで説明に労することなく、親指シフトの有用性とソフトの必要性を理解してもらえたのである。

6 「そうだ、親指シフトにしよう！」

　また、パソコンの入力で利用頻度の高いキーである「Enter」による「変換確定」と、「BackSpase」による「後退（1文字削除）」を素早く打つために、私は「キー設定の変更」で「スペースキー（親指左）」で「変換確定」もでき、また右手小指の右の位置にある「＊：」のキーを「BackSpase」に変更することによって手の動きを少なくし、効率的な入力作業に努めている。

　今もこの原稿を「親指シフト」で作成しているが、もう他の入力方法に変わることは考えられない。

　もちろん、ローマ字入力でも素早く入力している人や、いまさらカナ入力に変更することに抵抗がある人に無理にお薦めするものではないが、文書作成は生涯にわたって行うものであり、効率的であることのメリットはとても大きいと実感している。

特に、若い人や学生は新たな入力方式をすぐにマスターできることもあり、両方を覚えて、日本語入力は親指シフトで、英文作成ではローマ字入力と、「両刀」を使いこなせることが将来にわたってのキャリア形成でも実用的と考える。

　私の拙い説明では伝えきれないので、ぜひ、「NICORA 日本語入力コンソーシアム」のサイトをご覧いただきたい。親指シフトの特徴と、ローマ字入力と比べた打鍵数と速度の違いがアニメーションによって一目で理解できるとともに、練習用のソフトや JIS キーボードを親指シフトキーボードに転換するソフトもダウロードできる。

　「そうだ、親指シフトにしよう」との気持ちになること、間違いなしである！・・・・と思う。

コラム

高速の文書作成の切り札、「親指シフト」とは？

第3節 世界初の「移動権」を保障するフランスと「2周遅れのガラパゴス」日本

1 赤字運営でいいの？——日本人視察者のお決まりの質問

「なぜ、ストラスブールはLRTなどの公共交通を、運賃収入による独立採算で運営しないのか？」

第1節で、まちづくりや公共交通の関係者の「聖地」として、フランスのストラスブールには世界中から多数の視察が訪れると紹介したが、これは日本からの視察者から、必ずといってよいほど聞かれる質問であるという。

それは、ストラスブールの公共交通の歳入予算で運賃収入は3割に満たず、他に多額の公費負担が行われている、いわば「赤字運営」の状態と知り、なぜ日本の公共交通ように「黒字運営」を目指さないのか、との疑問からであろう。

しかし、欧州の交通担当者にとってこの質問は、「なぜ保育料だけの独立採算で、保育園の運営を行わないのか？」と問われるのと同じことなのである。

そして、日本からの視察者のこの疑問点こそ、日欧の公共交通の考え方の違いを象徴しており、また、今の日本の公共交通が直面している問題の要因であると考えるのである。

2 「世界初の移動権」を実現する交通目的税

第1節と第2節で紹介したように、ストラスブールやディジョンはモータリゼーションに伴う車中心の都市の弊害として、都市のスプロール化や中心市街地の空洞化などの問題に直面してその対応に追われたが、国レベルで都市の交通問題に積極的に対応したのは、1981年に政権に返り咲いた社会党のミッ

テラン政権であった。

　選挙の公約を実行する形で翌年に制定した「国内交通基本法（LOTI）」では、世界で初めて「移動権（交通権）」を明文化した。「移動権」は「全ての人の移動する権利」として、「誰もが、容易に、低コストで、快適に移動できる」公共交通の実現を掲げたのである。

　そして、公共交通システムにおける国と自治体の役割を明らかにし、公共交通の地方分権を推進した。具体的には、都市交通は各都市圏の広域自治体連合体が担う枠組みをつくり、各連合体は、都市圏交通計画（PDU）を定めることを基本法に規定したのである。

　また、基本法ではこの都市圏交通計画の目的として、「自動車交通の削減」（推進や整備ではない！）が冒頭に掲げられ、「経済性と環境保全に効果的な公共交通、自転車交通及び歩行者交通の整備・支援・強化」が定められている。

　つまり、各都市圏における自転車施策や歩行者空間の整備までも含めた総合的な交通政策の確立が求められ、それはその後法改正に伴い、人口10万人以上の都市は都市圏交通計画の策定が義務付けられたことによって、全国的な交通政策の推進につながっていくのである。

　そして、このような分権的交通政策の積極的な推進を可能にしたのが、独自の税制である。

　「交通税（交通負担金・VT）」は、公共交通に充てる目的税の地方税で、従業員11人以上の事業所が課税対象となり、給与総額に最高2％の税率で課税され、赤字企業も免除されない。また、一般のバス交通などより、LRTやBRTのような「専用走行路」を有する高規格の公共交通を導入する方が、高い税率を設定できるのである。

第3節

世界初の「移動権」を保障するフランスと「2周遅れのガラパゴス」日本

35

【写真1】ディジョン市を中核とした近隣の24市町村で構成する広域自治体連合「ディジョン・メトロポール」の庁舎

【資料1】「ディジョン・メトロポール評議会」は加盟市町村の指名議員で構成され、議長はディジョン市長が務め、都市交通を含めた予算も審議する。（Dijon Métropole 提供）

　この交通税は、都市交通運営における歳入の約4割を占める基幹的な財源となり、他に料金収入と地方の一般財源が、それぞれ3割程度となっている。

　つまり、フランスの公共交通は公費負担を前提としており、その意味では「赤字運営」であるが、フランスに限らず、欧米諸国では公共交通は一般的に「黒字の独立採算」ではない。

　このように、交通税を財源として確保したことにより、フランスの各都市はLRTやBRTを短期間のうちに整備でき、今や人口20万人以上の都市は全てLRTを整備し、10万人規模の都市でも導入され、全国で30ほどの都市でLRTが主要な公共交通として活用されているのである。

【写真2】ストラスブールのLRT券売機の画面。様々な種類の乗車券があるが、例えば「24時間乗車券」は、LRTやバスなどの圏域内の公共交通が発券から24時間乗り放題であり、1人4.3ユーロ（約560円）、2〜3人用だと6.8ユーロ（約880円）と、旅行者にとっても割安で公共交通を利用できる。ディジョンもほぼ同じ料金体系だった。

3 「連帯運賃」で運営する「水平エレベーター」

　フランスではLRTなどの公共交通の運賃を、「連帯運賃」とか「社会運賃」といっている。
　そこには、貧しい人でも、体に障がいを持つ人や車を運転で

【写真3】ストラスブールはLRTの導入と合わせて、歩行者と公共交通のみが通行できる「トランジットモール」の整備をはじめとした都市の大改造を行った。

【写真4】ディジョンの市街地中心部の「トランジットモール」は、乗車無料の「電気ミニバス」が10分間隔で運行している。

きない子ども・高齢者などの「移動弱者」も、助け合いの精神で、皆が等しく「移動権」が保障されるように、公共交通の運賃は低廉な額にとどめ、営利を求めるものではないとの考えが表れている。

また、バスやLRTなどの公共交通は、「水平エレベーター」であると表現する交通専門家もいる。

例えば、デパートなどの商業施設にあるエレベーターは、当然、設置費や維持費がかかっているが、利用者からお金を取れとか、赤字だから廃止しろという人はいない。

つまり、公共交通はいわば街の「水平エレベーター」であり、「移動弱者」などにとって不可欠な「社会インフラ」なのであるから、「狭い収支のみ」で考えるべきではないという主張である。

このようにフランスでは、公共交通は民間が独立採算で行う営利事業でなく、福祉や環境、そして商業の活性化など、まちづくりにおける役割と広義の費用対効果（まち全体の収支）を重視し、民間委託やPFIなどの効率的な運営方法を導入しつつも、行政が主体的に役割を担うべき公共サービスであると考えられている。

特にLRTは、ストラスブールでの成功により、まちづくり

と一体となった導入手法が全国展開され、「都市成長戦略としての交通政策」として推進されている。

さらには、サルコジ政権時の2009年に制定された「環境グルネル第一法」により、LRTが温室効果ガス削減のための環境投資の切り札と位置付けられたことによって、もはや単なる交通事業ではなく、「環境配慮型の持続可能な都市実現のための政策」となったのである。

4 「周回遅れ」から「2周遅れ」に

世界的に見ると、車依存からの脱却の流れの中でLRTを導入した都市は今や180を超え、2000年初頭までは欧州が多かったが、欧州の主だった都市が整備を終え、近年は米国、東欧、中東、アフリカのほか、中国、台湾、韓国などの日本を除く東アジアでの導入が目立っている。

特に目覚ましいのは中国で、PM2.5などの環境対策と内需拡大のため、すでに10都市で総延長200kmが開業し、さらに15都市で500kmが建設中で、後発国ながらフランスに迫る勢いである。

「資料2」で例示したとおり、中国ではLRTの車両も設備

【資料2】2014年に開業した中国・南京市のLRT。提携しているボンバルディア社の世界トップレベルの技術を用いて、全線を架線レスで運行している。道路が広い中国では架線の吊架に問題が多いことから架線レス運行に積極的で、「車上蓄電池」や「地表集電」など、様々な最先端の技術を実用化している。(写真はWikipediaより)

【写真5】ストラスブール市内の「ゾーン30」エリア。車が通行できる市街地の道路も、一般の速度制限よりも厳しい規制を設けている。

も欧州の大手メーカーと提携して、世界でも最先端のレベルのものを導入している。

　中国の車両や技術は、現時点では得意の「物まね」の感もある。しかし、中東やアフリカ諸国へ輸出の実績もあり、もう数年もすると独自の技術を確立して世界でも冠たる「LRT大国」となり、遅れてLRTを導入する日本が、中国の車両と技術を輸入する日が来るかもしれないと思うところである。

　また欧州では、近年はLRT導入から展開して、BRTなどの他の交通システムとの連携や、市街地の「ゾーン30」やさらには「ゾーン20」などの速度規制の導入、また、サイクルシェアや電気自動車を使ったカーシェアの導入のほか、多様な手法によるTDM（交通需要マネジメントシステム）の確立など、次の新たな交通政策の開発と導入を進めている。

【資料3】カトリーヌ・トロットマン 元ストラスブール市長（写真はWikipediaより）

【資料4】アンヌ・イダルゴ パリ市長（同左）

　一方、我が国を見ると、公共交通は独立採算制による民間の営利事業を基本とする「人口増加時代の事業スキーム」のままであり、LRTの展開どころか、北海道や九州で鉄道の廃線や全国の都市でバスの減便・廃止が進むなど、人口減少に伴う民間事業者の撤退で、公共交通ネットワークは崩壊の危機にある。

　このように、いわば日本の公共交通は世界でも特異な「ガラパゴス状態」にあり、2000年当初は欧州から「周回遅れ」といわれていたが、近年はその差はますます開いて今や「2週遅れ」となり、中国などのアジアの都市からも後れをとっているのである。

5　パリ市長の挑戦と「ガラパゴス日本」の行方

　直近のフランスを見ると、今のアンヌ・イダルゴ パリ市長は、LRTを導入した時のストラスブール市長と同じく社会党の女性市長であるが、セーヌ川沿いの高速道路の延長の半分をつぶして遊歩道にしたり、ナンバープレートによって車の半数の通

行を制限したり、あるいは一般自動車の車線を減らしてバス専用レーンを増やすなど車の通行規制に熱心で、「自動車を目の敵にしている」といわれる点も共通している。

そのイダルゴ市長は、今、公共交通において大きな「勝負」に出ている。東京の次のオリンピックはパリであるが、パリ五輪までにパリ圏域の公共交通を全て無料とする構想に着手し、次の2020年の選挙で政治生命を賭けて是非を問う所存である。

実現すれば、先進国の首都の公共交通の全面無料化は「衝撃的」であり、まさに、パリ発の世界に向けた「フランス公共交通革命」となるだろう。

その時は、「なぜ独立採算を目指さないのか」と日本からの視察者が問うこともなくなり、あるいは、「2周遅れのガラパゴス」の日本の公共交通も、大きく変わる契機となるかもしれない。

しかし、それを待っている時間的な猶予がないことも、また、我が国が直面する現実なのである。

【本節の参考文献】

■ヴァンソン藤井由実・宇都宮浄人『フランスの地方都市にはなぜシャッター通りがないのか』学芸出版社（2016年）

第4節 フランスのまちづくりの到達点を見た！
―― 都市計画、交通、住宅の個別計画一本化でコンパクトシティを推進

1 都市計画マスタープランが生物多様性にコミットする！？

　風光明媚な資料1の写真はフランスのローヌ川流域の風景であるが、観光パンフレットではない。

　この地域の都市計画マスタープランとなる、「広域総合都市計画（SCOT）」である。また、この計画は、サブタイトルで「生物多様性にコミットするSCOT」を掲げているが、この地域の計画の「特殊性」ではなく、国内全てのSCOTにおいて、それぞれ「生物多様性の保全」が定められているのである。

　なぜ街が全く写っていないのに、都市計画マスタープランなのか。なぜ都市計画マスタープランが、「生物多様性の保全」を主要目標とするのか。

　以下、フランスの自治体の都市計画制度の中で紹介したい。

2 市町村の都市計画で電線類の地中化が建設許可の条件に

　フランスの現在の自治体の都市計画制度が形作られたのは、独特な法律名の趣旨は後で述べるが、2000年の「都市の連帯と再生に関する法律（都市連帯・再生法）」の成立からである。

　この法律によって、複数の「都市圏」で構成する「広域圏」

【資料1】ローヌ川流域広域圏の広域総合都市計画（SCOT）
（出典：SCoT Rives du Rhône）

の都市計画マスタープランとなる「広域総合都市計画（SCOT）」と、市町村の都市計画である「地域都市計画（PLU）」が法定都市計画として制度化された。

　まず、市町村のPLUであるが、農地や山林を含む市町村の区域全域を対象とした詳細計画で、用途地域、建築基準、農地の指定等を行い、私人に対して法的拘束力を有する。開発許可の権限は市町村にあるが、ほとんどの開発で許可申請が必要であり、PLUによって建築許可の基準や開発可能な地域が指定されることから、策定に当たっては住民との協議を重視して数年を費やしている。

　PLUはドイツの「Bプラン」と似ており、日本では限定的に用いられる「地区計画」に近いが、日本の地区計画にない項目のひとつが地下インフラである。PLUの規定文書には地上部の建物や道路だけでなく、地下のインフラ整備として上下水道やガスとともに、電線類の地中化が定められている。

　第2節で紹介した地方都市のディジョンでも、市街地はもとより郊外においても、電線類の埋設整備ができない「正当な技術的理由」がない限り、地中化しなければ建設や開発は許可されないのである。

　一方日本では、急激な人口増加に対応する宅地開発や、市街化区域だけでなく市街化調整区域でも建築が許可される実情から、電気のインフラ整備のコストを考えると、これまでは電柱による送電は仕方がなかったのかもしれない。

　しかし、人口減少と都市の成熟期に入った今、例えば、東京都が膨大な予算をかけて地中化を進めても、それ以上の電柱が新設されている状況を変えるには、都市計画を含めた制度自体を見直す時期ではないかと現地で実感した次第である。

3　都市計画の規制で国内で最も地味なマクドナルド店に

　欧州の都市には、それぞれの「色」があるという。

　それは、現地の素材で建物がつくられており、特にフランスの建物は石造りで、石は重く他の地方から運ぶのは大変な労力を要するため、現地の石の色が建物の色となり、ひいてはその街の色になるのである。

　例えば、第1節で紹介したストラスブールのシンボルカラーはグレーで、LRTの車両や停留所で使われているが、それは街の象徴である大聖堂にも使われている「砂岩」の色である。

　そして、各都市は固有の色彩で調和のとれた街並みを形成してきた。ディジョンではPLUで「色彩のゾーニング」を定め、それぞれの地区に応じた景観規制を行っている。特に中心部の旧市街地は、建物、看板、建具にいたるまで「色彩計画」に基づき市の建築基準局や、建造物監視官による規制を受けている。

　その結果、世界的チェーン店のマクドナルドでさえ、店舗の壁面は地区の「標準カラー」であって街の伝統的石造りの色である「暖色系の淡いベージュ」と控えめで、おなじみの「M」の立体看板や赤のバックに黄色の文字の入口上部にある看板もない。さらに、窓や壁面に商品の写真も掲げていないという、

【写真1】ディジョンの旧市街地にあるマクドナルドの店舗

国内でも最も地味なマクドナルド店舗のひとつとなった。

　その結果、筆者ははじめマックの店舗があるのを気づかず通り過ぎてしまったのだが、ここでも PLU の効果を実感したのである。

4　市街地の拡散を抑制して「都市の上に都市をつくる」

　このように、市町村が策定する PLU はまちづくりで大きな効力を有するが、近年、より注目されている都市計画制度は、2000 年の都市連帯・再生法によって都市計画の大転換が行われたときに、PLU とともに創設された SCOT である。

　1997 年に、EU 条約による「持続可能な開発の原則」と京都議定書による温室効果ガス削減目標が定められ、各国の取組みが求められる中で、フランスでは都市連帯・再生法により、持続可能な開発と上位の環境目標への貢献を掲げた都市計画制度を創設した。

　法律名にある「都市再生」は、日本で意味する「都市再開発」とは全く異なり、市街地の郊外への拡散を抑制して農地や自然を保全するため、既成の市街地や都市空間を再生・活用することであり、都市計画による環境問題への対応である。

　環境に対して負荷の多い都市のあり方を変えるには、すでにある都市空間の再構築を行う、いわば「都市の上に都市をつくる」ことによって、新たな市街地を建設する際に生じる、自然の損失や資源の浪費を防ぐのである。また、車依存から脱却し、移動距離の短い都市をつくることを目指している。

　こうしたことから、二層の都市計画の共通の項目として、土地の節約や自動車交通の抑制とともに、都市計画制度でありながら自然環境と生物多様性の保全を要請しているのだ。

　冒頭に紹介したローヌ川流域広域圏の SCOT には、それが

46

象徴的に表れているのである。

5 「土地消費が進行した」との認識と反省から

　SCOTの具体例を紹介すると、ディジョン広域圏のSCOTは、関係市町村の議員や住民代表、職員など350人からなる協議会を中心に5年間をかけて作成し、2010年に承認されている。

　SCOTは、今後10年間のゾーニングの具体的な方針、保全する地域や開発できる地域を定め、広域圏内の市町村のPLUを拘束し、環境保全施策などを全ての市町村に実行させるのである。

　ディジョン広域圏のSCOTは3部構成で500ページ近い分量であるが、まず第1部の「説明書」は、広域圏内の現状分析、環境の評価、そして失われた環境の補償方法など、自然資源の保全を第一としてまとめられている。

　第2部の「持続可能な開発整備構想（PADD）」は、2020年までの広域圏内の人口推計と、それに対応した住宅配置計画、そして交通と都市計画の連携などが示されている。

　第3部の「総合方針文書」は、指針、命令、勧告など第三者を拘束する最も重要な文書であり、広域圏内の市町村のPLUなどを下位計画として拘束するものである。

　具体的な内容を見ると、資料2はSCOTに掲載された「土地消費の進行」とのタイトルの図で、1960年、1985年、そして2002年の広域圏内の市街地の変化を示している。

　フランスでは「コンパクトシティの推進」とはあまりいわず、「土地消費の抑制」という。広域圏の中心市であるディジョンは、1950年に10万人ほどであった市の人口が急速に増加して近年は15万人と約1.5倍となり、それに伴い市街地の面積も増えているが、日本のスプロール化とは異なり中心部が広がってい

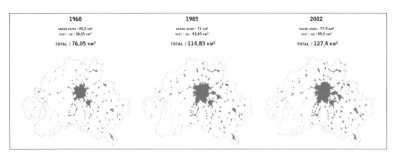

【資料2】「土地消費の進行」。ディジョン広域圏のSCOT第1部の「説明書」における現状分析の章で、このタイトルで掲載している。(出典：SCoT du Dijonnais)

る。

　それでもSCOTでは、「土地消費が進行した」との認識と反省から、今後、開発できる地域の限定と、公共交通の整備地域での都市化などの方針を定めているのである。

　そもそも、日本の自治体の都市計画マスタープランの中には、人口が減少しているのに市街地が薄く広く拡散していることを、「人口の減少局面にあっても都市は成長している」と述べるなど、「土地消費の進行」についての基本的な問題意識がフランスとは大きく異なっているといえる。

6　新規住宅整備のCO_2試算で建設地域を限定する

　フランスでは国を挙げての少子化対策が功を奏し、出生率が回復して人口が増加しているが、ディジョンでも今後10年間の人口増加と世帯構成の変化により、広域圏内において2万8,000戸の住宅供給が必要であるとSCOTで推計している。

　そして驚くのは、この2万8,000戸の新規住宅を、規制をしないで郊外に多く建設された場合と、規制をかけて市街地を多くした場合とで、CO_2の排出量を試算・比較していることである。

郊外での建設が多くなる場合、通勤や買い物などで車が利用され、公共交通でも移動距離が長くなり、さらに農地などの転用が進むため環境への負荷が大きくなる。一方、公共交通が整備された市街地を中心に建設した場合は、住宅と職場が近くなることなどから、CO_2 の排出量が対比で 7 割に抑えられるとの結果であった。

そこで SCOT では、既成市街地の公共交通が整備された 5 か所を中心に新規住宅の建設エリアを定め、それぞれ住宅戸数と住宅密度を指示し、この基準に基づく対応を市町村に義務付けたのである。

7 「交通不便地域解消」や「電線類地中化」は遅れた都市計画制度の現れ

SCOT では住宅のほか、都市計画と交通の連携の方針も定めるが、市町村の PLU に加えて、前節で紹介した都市圏の市町村連合体で策定する都市圏交通計画（PDU）と、都市圏住宅供給計画（PLH）を下位計画として拘束する。そのため、都市計画、交通、住宅の 3 つの個別計画を整合・連動させて「土地消費の抑制」、つまり「都市のコンパクト化」を推進するのである。

例えばストラスブールでは、住宅の建設・開発できる地域を LRT やバスの停留所から 400 m 以内を基本とする都市計画の方針を他の計画に連動させている。住宅の供給地域と戸数を方針に基づくエリア内で PLH に定めるとともに、建設予定地域に公共交通が未整備な場合は PDU で公共交通の具体的な整備計画や路線を定め、交通環境が整って初めて建設が可能となるのである。

このような政策により、ディジョンとストラスブールの両市

は、LRT やバスの停留所から 300 m 以内に 95 ％の市民が居住するという、首都圏から遠く離れた地方の県庁所在都市としては、日本ではあり得ないような交通住宅環境を実現しているのである。

　欧州では基本となっている、「計画なければ開発なし」の原則に基づく都市政策の結果と言えよう。

　一方日本では、ほぼ全ての自治体が「交通不便地域の解消」を交通施策における主要な事業に掲げ、取組みを進めている。具体的には、バス停や鉄道の駅から 300 m とか 500 m の圏内から外れる地域を「交通不便地域」とし、コミュニティバスやデマンド交通などを整備して「交通不便地域」を解消する事業である。

　しかしそれは、市街地の拡散やスプロール化を「後追い」した対応であり、市街化や住宅建設と、交通計画との連携は不在である。

　また、東京都では知事の「看板政策」として「電線類の地中化」を推進しているが、具体的な対応としては市街化された地域を後から掘り起こして電柱や電線を地中化する施工が中心となる、やはり「後追い」の対応といえる。

　「交通不便地域の解消」や「電線類の地中化」は、もちろん優先して取り組む必要な施策であるのだが、これらが自治体の「主要施策」となること自体が日本の遅れた都市計画制度の現れであり、並行して制度のあり方自体を見直す必要があると考えるところである。

8　「三位一体」の計画で総合的なまちづくりへ

　フランスにおける新たな制度改正の流れとして、SCOT のような交通・住宅とリンクし、広域的な都市計画の取組みが土地

消費の抑制と環境問題への対応に大変効果的であるとの認識から、単独の市町村のPLUを取り止めて、広域圏を構成する都市圏レベルで市町村連合体による「都市圏総合都市計画（PLUI）」を新たに策定し、順次PLUからの移行を進めている。しかもこのPLUIを、交通のPDUと住宅のPLHの個別計画を統合した総合都市計画とすることとしたのだ。

　今、フランスでは、国を挙げて各都市圏でPLUIの策定に取組み、都市計画、交通、住宅の各計画を一本化した「三位一体のマスタープラン」によって、総合的なまちづくりを進める潮流となっているのである。

　1982年の国内交通基本法による「移動権」の保障から始まり、2000年の都市連帯・再生法による「持続可能な開発」を目指した二層制の都市計制度の構築、さらには近年の「三位一体」の総合的な都市計画の制度の創設に至るフランスの実践と挑戦は、環境目標へのコミットを掲げ、「土地消費の抑制」を図り、また「都市全体の公共空間をどのように配分するのか」という、まちづくりの本質的を追求してきたプロセスであったといえよう。

　もはや、フランスと日本における、都市計画マスタープランの内容や実効性、そして交通や住宅の個別計画との連動や有効性などの比較・評価は止めておくこととしよう。

　しかし、ようやくその必要性が認識され、取組みの端緒についた日本のコンパクトシティ政策について、環境問題への関心と真摯な取組みが公共交通と都市のあり方そのものを変えてきた欧州の地からかえりみたとき、我が国の政策の目的や理念がいかに「狭く、浅い」ものであるかを痛感せざるを得なかったことだけは、最後に述べておきたい。

【資料3】「ディジョン・メトロポール評議会」の本会議場。下の写真の時はPLUI策定の第1回公開ミーティングが行われ、100人を超える市民が参加した。この本会議場では、SCOTやPLUIなどの各種の計画策定の公開ミーティングやワークショップが頻繁に行われ、むしろ議会の利用よりも多いという。議員が首長や執行機関の幹部となり、市民に説明・説得する立場となるフランスの自治制度を考えると、本会議場が「市民参加の拠点」となるのも、あるいは当然かもしれない。物理的にも市民に開かれ、市民に向き合ったフランスの地方議会を見ると、年間に20日間程度しか利用されない日本の立派な本会議場のあり方が気になるところである。海外から日本の自治制度・政策を見ると、「気付き」のネタは尽きない。（Dijon Métropole 提供・以下も同じ）

【資料4】ディジョンのPLUI策定における子どもたちによるワークショップ。エリアの航空写真の上で、公園や学校、商店街などの検討ポイント上にグループに分かれて、それぞれの将来のあり方について提案を出し合った。

【資料5】ディジョンのPLUIの説明イラスト資料。PLUIについては、「今後の10年から15年間の私たちの地域の将来を見通す計画で、都市計画、交通、住宅の3つの異なる計画を統一する『3 in 1 ツール』であり、ディジョン都市圏の発展のための戦略的文書」と説明している。

【資料6】ディジョンのPLUI策定における公開ミーティングのポスター。「明日のディジョンを一緒に想像しよう！」とあり、この日は計画の中の「持続可能な開発整備構想（PADD）」について意見交換が行われた。

【本節の参考文献】

■和田幸信『フランスの環境都市を読む』鹿島出版会（2014年）

COLUMN

コラム・ちょっと寄り道（その2）

学習時間を倍増する切り札、「耳からの情報収集・学習法」

1 「あなたは毎日、何時間勉強していますか？」

前回のコラムに続き、冒頭での質問になるが、読者の皆さんは仕事がある平日に、何時間ぐらい勉強しているだろうか。

本や新聞・専門誌などを読んで、情報収集や学習する時間だとすると、下を向いてしまうかもしれない。平日は仕事を終えて家に帰ってからも、家事や育児、身のまわりのことや翌日の準備などにかなりの時間を費やすことから、自宅のほか、通勤時の電車の車内などを含めても、本や新聞などを読むことができる時間はかなり限られていると思う。

そこで私がお薦めするのが、「耳からの情報収集・学習法」である。つまり、「目を使った」読書等に使える時間は限定されていても、ポータブルのオーディオ機器やスマホを使った耳からの情報収集・学習の時間は、私の実感では、読書等の時間以上に確保できると思うからだ。

なぜなら「目を使った」読書は、他の作業をしながらすることはできない。しかし、「耳からの情報収集・学習」は、徒歩や自転車・車での移動や買物の時、また私の家事の分担は掃除や洗濯であるが、家事をしながらでも、さらにはジョギングや筋トレをしながらでもできるのだ。

2 「放送大学」の無料で多彩な講義を活用しよう

では、何を聴いて情報収集や学習をするのかは多様であるが、「同業」の自治体職員の皆さんに特にお薦めするのが、「放送大

学」の講座である。

　放送大学では、テレビ・ラジオ・インターネット配信で、毎日、多彩な講座を放送している。私は、年度当初に年間の講義内容とスケジュールを放送大学のウェブサイトで調べて、関心がある講座を片っ端から録画・録音予約している。もちろん視聴して自主学習するだけなら、入学手続などもいらず無料である。

　私がこれまで活用した主な講座は、地方自治、行政学、公共政策、市民自治、NPO マネジメント、行政法、行政訴訟法、都市計画、都市景観、都市環境、都市防災、危機管理、地域福祉、高齢者福祉、少子化と人口減少社会、情報マネジメント、経済と財政、管理会計、統計学（データサイエンス）などで、全てを列挙することはできないが、いずれも実績のある著名な先生方の講義を聴くことができる。

　実際、講義のカリキュラムをご覧いただくと、自治体の業務に深く関係し、自分の仕事に役立つと思うものや関心がある講座が少なからずあると思う。

　しかし「大学の講義」であるから、特にテレビ科目ではテレビの前に座って映像を見て受講しないと理解できないのではないかと思うかもしれないが、録画した講義の音声を聴くだけでも内容は十分理解できる。外での移動中に音声を聴いたテレビ科目の講義で、やはりテレビの大きな画面で講義映像を見たいと思ったところがあれば、帰宅後に見ればよいし、より深く学びたいと思った科目は、市販の教材の書籍を購入してもよい。

　「耳での学習」では、先ずは幅広く情報や知識を得る手段として、放送大学の無料で多彩な講義を活用するのである。

　まず第一歩として、放送大学のウェブサイトで、今学期のカリキュラムと放送予定を見ることをお薦めしたい。

コラム　学習時間を倍増する切り札、「耳からの情報収集・学習法」

55

3 「池上解説」も「早聞き」で聴こう

　テレビ番組の私の利用法としては、NHKでは「時論公論」や「視点・論点」の解説・論説番組を毎回、定期録画予約しておき内容によって活用するとともに、「Nスペ」や「クローズアップ現代プラス」などは番組内容に応じて録画予約している。

　民放ではBS放送が多くなるが、「プライムニュース」（BSフジ）や「インサイドOUT」（BS11）などの、地上波にはない、政策課題の長時間の解説・討論番組が参考になる。地上波では、池上彰さんの特番が毎週のようにあるが、分かりやすい「池上解説」からも学んでいる。

　私は翌日の放送内容を、放送大学を含めてウェブサイトの番組表でチェックし、録画予約することを日課としている。具体的には、パソコンとレコーダーを連携させ、「Gガイド」のようなウェブサイトの番組表でそのまま録画予約しているのである。

　すると、それなりの番組数となり、録画した番組を見るだけで毎日終わってしまうと思うかもしれないが、録画したものの中から、レコーダーからポータブル機器やスマホに転送・ダビンクして外でも聴くものと、時間があれば家のレコーダーで再生するものとに分けている。

　そしてポイントは、ポータブル機器・スマホやレコーダーで再生するときは、1.5倍速などの「早聞き」で再生をして時間を節約するとともに、「早聞き」を普段の再生方式として耳を慣らすことである。

　例えば、1.5倍速なら1時間の番組でも40分に短縮して聴くことができるが、私は朝晩のNHKニュースなども定時録画予約し、録画しながらの「追っかけ再生」の「早聞き」をしている。

4 離れたところでも電波で飛ばして「早聞き」で聴こう

　レコーダーの録画番組をテレビのスピーカーから「早聞き」する場合は、テレビの近くにいないと聴き取りにくいし、掃除や洗濯などの家事をしながらだと、やはり聴きにくくなる。

　そこで、ポータブルラジオ録音機（ポータブル機器）の出番なのである。私はラジオ講座や放送大学のラジオ科目の講座を予約録音するために、テレビのレコーダーと同じように複数のラジオ番組を予約録音でき、それを外出先や作業しながらでも聴けるポータブル機器を、スマホが普及する前から活用している（資料1）。

　そして、家ではこのポータブル機器を、Bluetooth送信・トランスミッターが一般化する以前から、FMトランスミッターを使ってテレビ（レコーダー）と連携して使用している。

　もともとFMトランスミッターは、iPodなどの携帯型音楽プレーヤーの音楽を車の中で聴くために、再生した音楽を特定

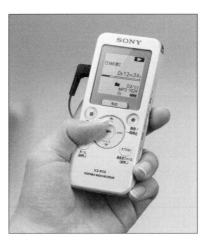

【資料1】ICレコーダー機能付ポータブルラジオ録音機。ラジオの語学講座などを20番組まで録音予約でき、語学学習用のため再生速度も数段階に調整できる。ラジオ講座に加え、放送大学の講座のうち行政学や行政法などのラジオ科目について、以前はインターネットラジオでなく放送大学のFM局による配信だったため、筆者はこのような機能がある機器を購入し、現在のもので3台目となる。

　しかし、ラジオの語学講座の利用者の減少とともに同機能を備えた機器も少なくなり、写真は「最後の砦」となったソニーのICZ-R110で、実勢価格は税込み17,000円程度。

【資料2】写真中央のFMトランスミッターは車のシガーソケットのみを電源としたタイプであるが、接続したiPhoneやiPod等の音楽を再生しながら充電もできる。

の周波数のFM電波で飛ばし、カーオーディオのFMラジオで同じ周波数で受信・再生して使用するものである（資料2）。

　その仕組みを応用して、テレビ（レコーダー）の音声出力と家庭用AC電源やUSB電源でも使えるFMトランスミッターを接続して音声を飛ばし、ポータブル機器のFMラジオで受信してイヤホンで聴くのである。

　この方法によって、テレビとは別の部屋や家の周りにいても、また掃除機などで作業音が出る家事をしながらでも、ワイヤレスで「早聞き」で聴いて内容を理解することができる。

　また深夜や、リビングで家族が読書や勉強をしている時などは、テレビのスピーカーはオフにして、自分だけイヤホンで聴くこともできるのである。

5　毎日の習慣で、勉強時間もあなたも大きく飛躍する！

　要は、家でも外でも本や新聞などが読める状況では活字から情報を得て勉強するが、それができない時は、わずかな時間でも耳による情報収集と学習で有効活用するのである。例えば、電車の通勤の時に、車内で本や新聞を広げられる時はそれらを読むが、新聞はおろか本も読めないようなラッシュや乗換えの

移動の時などは、耳での勉強にいそしむという感じである。

　車やバイク、自転車、徒歩による通勤の人は、同じように移動時間をそのまま放送大学などの時間とすることができるのである。

　また最近は「オーディオブック」も普及し、ベストセラーの書籍などをプロが朗読した音声で聴くことができる。しかし、紙や電子版の書籍に比べるとオーディオブックはまだまだ限定的で、商品化までのタイムラグもある。AmazonのオーディオブックのAudibleに会員登録したが、以前はお試し無料期間が1か月あり、その期間中に興味がある書籍をほぼ全てダウンロードできた程度だ。

　今後、オーディオブック化される書籍や専門誌が増加すれば、「耳からの情報収集・学習法」の対象も広がるだろう。

　さらには、全国で行われている様々な講演や講座、大学の講義等について、YouTubeなどのウェブサイトにアップされているものが多数ある。例えば「欧州の都市交通政策」と動画検索して表示されるものの中から、参考になりそうな講演などを聴いて学ぶといった方法も有用である。

　ちなみに、「防水ポータブルオーディオ・スマホケース」と「防水イヤホン」を使用すれば、入浴中も実践できる。

　毎日の習慣として、耳からの情報収集・学習の時間が加わることによって、冒頭の「あなたは毎日、何時間勉強していますか？」の答えの時間も、そしてあなた自身も、大きく飛躍すること間違いなしである！・・・・と思う。

コラム　学習時間を倍増する切り札、「耳からの情報収集・学習法」

第5節 ドイツの「環境首都」フライブルクから学ぶ脱原発のコンパクトシティ

1 森の枯死と原発計画を契機として

今回の訪問都市の最後となるドイツのフライブルクのホテルに着くと、入口には電気自動車のカーシェア・ステーションがあり、通りには初めて見る「ソーラーパネル付ゴミ箱」があった（写真1）。

国内の環境都市ランキングでトップになり、また、国内外の様々な環境コンテストで受賞してドイツの「環境首都」と呼ばれるだけはあると、到着早々、私の期待も高まった。

フライブルクは、ドイツの南西部でスイス・フランスとの国

【写真1】筆者が利用したフライブルクのホテルは、ほかにもいろいろと環境に配慮していて、バイキング式の朝食ではミニ容器入りのジャム・クリーム・バターなどゴミになるものは1つも出されず、部屋のゴミも分別する。また、洗面所やバスルームには詰替え式の液体石鹸だけが置かれ、照明は省エネライト、屋根の上には太陽光発電があり、暖房は木材ペレットを燃料としている。オーナーのご夫婦は近郊の風力発電にも出資していて、このような環境対策でホテルは有名になり、平均稼働率もフライブルクの他のホテルを大きく上回っているとのことである。いわば、「環境首都」を象徴する「超環境配慮型ホテル」であった。

【図】ドイツ・フライブルク位置図

境地帯にあって（図）、「黒い森」（シュヴァルツヴァルト）の西の入り口に位置する、いわば森に抱かれた人口23万人の都市である。

市民のうち、500年を超える歴史があるフライブルク大学などの学生が3万人を占める大学都市でもあり、また、近隣の2郡を合わせた都市交通などの主体となる都市圏の人口は、60万人の規模となる。

ベンツやBMWなどの世界的な自動車メーカーのあるドイツは日本より早くモータリゼーションの時代を迎えたが、交通の要衝に位置し、市街地の中心部に主要幹線道路の交差点があるフライブルクでは、他都市に比べ交通問題がいち早く顕著になっていた。

1960年代には、街は増え続ける車であふれ、中心部の歴史ある大聖堂の広場は駐車場となり、また、人口の急増に伴う郊外の宅地開発が進んで、「オールドタウン」と呼ばれた中心市街地は人口減少が進んだ。

馬車に代わる交通として、1901年に導入された路面電車も

【写真2】写真はいずれも、平日の昼間の中心部の通りである。写真右のLRTの新型車両の「コンビーノ」は軽量で消費電力も少なく、床が低くてドアも多いため、車両が長くなって乗車定員が増えても乗り降りの時間は短縮されている。LRTの後方に見える「マルティン門」は13世紀初期の要塞都市門で高さは約60 mあり、ここから車の乗り入れが制限される。

自動車交通の妨げになると相次いで縮小が進み、廃止の声も強まっていたのである。

　しかし、1970年代に車の排気ガスなどの大気汚染や酸性雨によって「黒い森」が枯死の危機に瀕するとともに、近郊で持ちあがった原発建設計画への反対運動は全市的な広がりとなって市民の環境への機運が高まり、市は交通施策をはじめとした、様々な環境政策の取組みを進めることとなったのである。

　1973年には中心市街地への車の乗入れを禁止し、歩行者と公共交通の専用区域のトランジットモールを導入したが、それはドイツでも初となる700 m四方の広範なエリアであった（写真2）。

また、廃止の議論もあった路面電車は新型のLRTとして路線と車両の拡充がなされ、郊外の停留所には市内に行く人のために無料で使えるパーク＆ライド駐車場2,000台分が整備された。

　中心部の車の通行制限は売上げに影響があるとして商店主などの強い反対があったが、歩行者中心の空間となることで落ち着いた中世都市の雰囲気が復活して市内に客足が戻り、売上げも大きく伸びたのであった。

2　「地域定期券」を支える「シュタットベルケ」

　このような「歩み」は、第1節で紹介した、ライン川の国境を挟んで対岸にあるフランスのストラスブールと似ているが、フライブルクの方が交通や環境問題にいち早く直面したことから、その対応も先駆けており、実際、ストラスブールのパーク＆ライド駐車場はフライブルクを参考にしたといわれている。

　また、「環境先進都市」・「欧州の元気な地方都市」として並び称される両市の脱自動車と公共交通への転換は共通しているが、フライブルクの政策が際立っている点は、その運動の発端から、「脱原発と再生可能エネルギーの積極的な推進」にある。

　本節の後半で詳述する「ヴォーバン住宅」が象徴するように、太陽光発電や環境への取組みを強化してきた結果、欧州でも有数の太陽光発電の関連企業や研究施設、国際機構が立地し、市の一大産業として確立しているのである。

　そして、フライブルクの車から公共交通への転換を進める象徴的な取組みが、1984年に導入されたドイツ初の「環境保護定期券」である。

　その後、名称は「地域定期券（レギオカルテ）」となったが、これ1枚で1市2郡の都市圏内のLRTやバス、ドイツ鉄道、

私鉄の合計 90 路線・3,000km が乗り放題で、休日には大人 2 人と子供 4 人が同乗できる。しかも他人への貸与もできるため、私が泊まったホテルでは宿泊客に貸出しもしていた。

しかし、この定期券の料金は、市議会の議決によって 1 か月 4,500 円程度と低額に抑えられており、交通利用者の 9 割が「地域定期券」を使用しているため、年間に 10 億円を超える運営費の「赤字」が市営企業の交通会社に生じている。

そこで、「シュタットベルケ」と呼ばれる同社を含む市の公益事業連合体が、同じく連合体を構成する電力等のエネルギー事業を営む他の公営企業の利益から補てんする形で、公共交通事業の「赤字分」を吸収しているのである。

3　ドイツの都市計画制度とフライブルクの取組み

コンパクトで移動距離の短い都市をつくるには、前節で紹介したフランスのように、公共交通に加えて都市計画の取組みが不可欠である。

ドイツの自治体の都市計画制度は、地区詳細計画の「Ｂプラン」と土地利用計画の「Ｆプラン」の二層制の計画であるが、「Ｂプラン」は日本の地区計画の、「Ｆプラン」は都市計画マスタープランのそれぞれモデルになっている。

この二層の都市計画制度は 1960 年の「連邦建設法」で既に確立していたが、人口減少時代の都市計画法制についても、ドイツはいち早い対応を行っている。

都市計画法の基本法である「建設法典」では、1986 年の制定当初から、環境保護への配慮や「土地の節約」の観点の都市計画への組込みが定められている。その後の改正においても、郊外への拡大を抑制し中心市街地の再開発を優先する規定や、二層の計画策定では車に依存しない交通への転換を図る規定、

そして、交通量の抑制・減少を指向する都市開発を特に考慮しなければならない規定などが盛り込まれてきた。

さらに「土地の節約」については、2002年に策定された連邦政府の計画で具体的な目標を定めており、当初は1日当たり130haとなっていた新規の住宅地域の指定を、2020年には30haに抑える目標を設定し、2011年には74haまで減少させているのである。

そもそもドイツでは、フランスと同様に「計画なければ開発なし」の考え方、すなわち「建築不自由の原則」にのっとり、建築行為が許可されるのは「Fプラン」で開発地域を定め、それに基づき「Bプラン」で計画の詳細を定めた区域に限られる。

日本は「Fプラン」や「Bプラン」の制度を部分的に取り入れてはいるが、「建築自由の原則」を基本とする仕組みはドイツやフランスとは大きく異なり、都市のスプロール化と中心部の空洞化が進んでいる。

また、フライブルクの都市計画の特徴としては、住宅地区に商業面積を埋め込むことで移動距離の短い街をつくってきたことである。中心市街地は、市の「Fプラン」では大部分を「住宅地」と商業などのその他の利用からなる「混合用地」に指定するとともに、中心市街地衰退の一因ともなる大規模小売店が建設できる「特別用地」については、中心部から外れた一部の敷地を指定しているのみである。

さらに市の「Fプラン」において、中心部の商店では「衣食住関連の商品、本、電化製品等」を扱い、郊外では「住に関する大型商品や自動車関連の商品」を扱うよう規定している。

これは空間の限られた中心市街地の商店と、車での利用に適応した郊外型大型店舗との差別化を図り、日常的な買い物などの移動の目的地を中心部として空洞化を防ぐとともに、車がな

い市民も日常の買い物で困らない環境をつくり、車への依存を防ぐための施策なのである。

4 「コンパクトシティ政策の三本柱」を駆使して

これまで紹介したフランスのストラスブールやディジョンとフライブルクのコンパクトシティ政策の共通点は、LRTなどの公共交通を整備するだけでなく、それを可能とする公的な財源がしっかりと確保されていることである。

フランスでは地方の目的税である「交通税（交通負担金）」であり、フライブルクでは「シュタットベルケ」における電力等の他の公営企業からの補てんという形で、それぞれ運賃収入以外の確実な財源で支えられている。

それに加えて、フランスやドイツのように、都市計画によって郊外への拡散を防ぎ、中心部の人口密度と拠点施設の確保がなされていることが必要である。

つまり、「公共交通」、「財源」、「都市計画」という、いわば「コンパクトシティ政策の三本柱」がそろって、初めてその実現が可能となるのである。

フライブルクはこの「三本柱」を駆使した結果、LRTやバスの停留所から400m以内に98％の市民が居住するという成果を上げている。また市民の移動手段は、自転車・徒歩・公共交通が7割で、車は3割と低くなっているが、これは環境に熱心なドイツにおいて主要都市の中で1位であるばかりでなく、世界の交通先進都市の中でもトップクラスなのである。

5 環境首都に相応しいソーシャル・エコロジー住宅地の建設

車の普及率で見ると、フライブルクは約400台／千人と全国平均の約500台／千人を大きく下回るが、市内のパイロット住

【写真3】ヴォーバン住宅の多世帯使用のパッシブ住宅。夏は広葉樹が日陰をつくり、冬は日光がそそぐ。開口部が30％以下の壁面は壁面緑化が、傾斜10度以下の平屋根の屋上には屋上緑化が、それぞれ「Ｂプラン」で義務付けられている。

宅地で車のないまちづくりを進めた結果、車の普及率が約80台／千人（！）と、驚異的な結果が出ているのが「ヴォーバン住宅」である。

ヴォーバン住宅は、1992年にフランス軍の施設跡地38haが国に返還され、これを買い取った市が住民参加で「環境首都」に相応しい「ソーシャル・エコロジー住宅地」として整備を進め、2,000戸に5,000人余りが居住している。

フライブルクの「脱原発と再生可能エネルギーの積極的な推進」を象徴するヴォーバン地区の環境配慮型住宅は、国基準よ

【写真4】車を所有する住民は、写真左の共同立体駐車場を使用する権利を購入する。車を利用したい場合は、カーシェアの駐車場（写真右）の方が共同立体駐車場よりも住宅に近いため、マイカーよりもカーシェアの共有車の方が身近で利用しやすい環境である。

り3割厳しい省エネ住宅であるが、ソーラー発電で自宅で使用する以上のエネルギーを生産するプラスエネルギー住宅や、自然エネルギーを活用するパッシブ住宅である（写真3）。

　それぞれの住宅に車庫はなく、車を所有する住民は地区の入口などにある離れた立体共同駐車場を利用するが、車を所有しなくとも必要な場合は住宅地内にあるカーシェアを利用できる（写真4）。

　また、軌道が緑化されたLRTが住宅地の中央を運行してお

【写真5】住宅地の中央を走るLRTの芝生軌道は緑地帯となっており、軌道に沿ってビオトープの役割を果たす水路がある。

【写真6】住宅地の道路には「遊びの道路」といわれる道路標識があり、その標識は「車の通行が制限され、子どもが道幅いっぱいに使って遊ぶことが許される道路」であることを示している。写真のような「道路でのお絵かき」は、日本ではすっかり見なくなった光景だ。

【写真7】自転車は主要な移動手段であり、自転車専用レーンは住宅地内に網目状に整備されている。

第5節　ドイツの「環境首都」フライブルクから学ぶ脱原発のコンパクトシティ

り（写真５）、共同駐車場に行くより停留所の方が近いため、車の所有や利用は極めて少ない。

　地区内は荷物の搬入などを除き車の乗入れは禁止され、道路は子どもの遊び場になっている（写真６）。また、地区内の速度は 30km 以下に規制されているが、市の「住宅地域の静穏化」の方針によって市内の全ての住宅地が同様の指定を受け、市民の９割が 30km 規制の道路に面して居住している。

　ヴォーバン住宅には車庫がない代わりに自転車置場が各戸にあり、自転車の普及率は車の 10 倍の約 800 台 / 千人である（写真７）。なお、市の自転車施策として、市域に 400km を超える自転車専用レーン（道路全体は 600km）を整備するほか、駐輪場は 9,000 台分、市の中心部でも 150 か所 6,000 台分を設けている。

　いずれも日本では考えられない自転車施策のレベルであるが、LRT やバス交通に比べれば、自転車施策は少ない投資で高い効果が得られるとして、市の政策の柱にしているのである。

6　コンパクトな都市をつくるために問われる居住スタイル

　ヴォーバン住宅は、日本を含め海外からの視察や調査も多いが、私もコンパクトシティのモデル的なまちづくりと思い、１日かけて実踏した。

　そこで目にしたのは、持続可能な街とは、緑やビオトープの自然環境に囲まれた、車に依存しない住宅と生活スタイルとともに、ソーラー発電や３層サッシ、厚さ 30cm 以上の断熱材、そして熱交換換気システムの採用など、建築コストは通常より１割以上アップする、環境配慮型の高規格住宅の街であった。

　しかし戸建てではなく、３〜４階の集合住宅やタウンハウスにまとまって暮らし、太陽光発電や省エネ設備、地域暖房供給

【写真8】住宅地に設置された木質バイオマスの「コージェネレーション施設」。ここから地域暖房の熱が供給され、同時に発電も行っている。近郊の山の木材廃材を燃料とし、従来型の住宅地に比べて排出する温室効果ガスを大幅に削減している。

施設（写真8）などを共有するため、1人当たりの資源やエネルギー消費量は極めて低く抑えられるとともに、その住宅は何世代にもわたって住み続けられる高耐久住宅なのである。

さらにヴォーバン住宅は、資源やエネルギーの節約とともに、住宅の単位面積当たりの人口密度を高め、コンパクトシティの実現に不可欠な「土地の節約」を実現する居住スタイルでもあるのだ。

一方、我が国の居住スタイルの「標準」は、購入可能な郊外に、庭付き・車庫付きの戸建住宅を建てることであり、それがライフ・サイクルにおける「目標」にもなってきたが、その住宅は大抵、一世代の利用で建て替えられてしまう短命の住宅であり、資源や土地の節約とはとても言い難い。

これまでの日本のコンパクトシティ政策の制度では、「居住地域」は問われても、「居住スタイル」が問われることはなかったのではないだろうか。しかし、交通拠点から400ｍ以内に98％が居住するようなコンパクトな都市を本気でつくろうとするならば、「コンパクトシティ政策の三本柱」のあり方とともに、その議論も必要になると考えるところである。

7 「自由の街」から学ぶ持続可能な都市のあり方

　フライブルクという街の名前は、「自由の街」という意味であるという。

　大学都市として伝統ある自由と自治の精神が、ドイツにおける脱原発の発祥の地となり、「環境首都」と呼ばれるまちづくりの原動力になったのではないだろうか。

　そして、フライブルクの市民が始めたドイツの脱原発の運動は、日本の福島第一原子力発電所の事故を受けて、連邦政府が脱原発を決定するに至っているのである。

　ドイツと同様に、脱原発や環境問題とともに、持続可能な都市のあり方が問われている我が国において、今こそフライブルクの実践と挑戦に学ぶ時ではないかと、夕暮れの中で、理想的な環境住宅を眺めながら思ったのである。

【本節の参考文献】

■村上敦『フライブルクのまちづくり』学芸出版社（2007 年）

■村上敦『ドイツのコンパクトシティはなぜ成功するのか』学芸出版社（2017年）

■市川嘉一『交通まちづくりの時代』ぎょうせい（2002 年）

第6節 コンパクトシティのまちづくりに向けて地方版総合戦略の抜本改定から始めよう

1 「街ごと持って帰りたい」

フランスのストラスブールを訪れた観光客は、街の美しさに感動して、こんな感想を抱くという。

私も「持ち帰りたい」と思ったが、趣旨は異なる。

ずっと訪れることを望んでいたストラスブールについては、訪問まで多くの資料や文献を読んでいたが、実際に見聞したまちづくりの素晴らしさは想像以上であった。そして、この感動と、ストラスブールの政策の日本への応用の可能性については、自分の言葉では伝えきれないと思ったからである。

やはり現地でLRTに乗り、歩行者優先のにぎわう街を歩くことで、「なぜ日本の都市とこんなにも違うのか」、「コンパクトで活力ある街をつくるために何が必要なのか」について、これまでの常識や発想を超えた議論ができるのだと思う。

フランスでは当初LRTを導入する時に、各自治体ではLRTが既に走る隣国のスイスやドイツにバスを連ねて多数の市民を連れて行き、現地でLRTの便利さや、まちづくりへの効果を実感して我が街への導入の理解を広げたという。

しかし、「街ごと持ちかえる」ことも、遠く離れた欧州に多数の市民や関係者を送り込むこともできないが、欧州の先進都市の見聞と本書発行の機会を得た自治体職員として、日本の自治体の政策や計画を変えるための視点と切り口を、拙文であるがお伝えしたいと思う。

なお、筆者の前の職場は総合計画を所管する企画部企画経営課であった。12年間の同課の在籍中に総合計画の策定や改定

73

を4回担当し、最後は課長として現行計画の策定を総括する立場であった。

　以下の提案は、その時の経験と反省を踏まえているが、あくまで意見の部分は筆者の個人的見解であり、所属団体とは関係ないことをご理解いただきたい。

2　求められる「総合計画」による「総力戦」の対応

　訪問した三都市をはじめ、欧州の各都市のLRTを中心とした公共交通のまちづくりについては、各節で紹介してきた参考文献など、これまでも多数の優れた研究成果が出され、また在欧の日本人研究者によるレポートなども日本で紹介されている。

　しかし、世界中の都市でLRTなどの公共交通が拡充されて「交通まちづくり」が積極的に進められる潮流の中で、なぜ日本だけが「2周遅れのガラパゴス」（第3節）の状況にあり、公共交通ネットワークが崩壊に危機にあるのだろうか。

　様々な要因があると思うが、そのひとつに「交通まちづくり」への取組みを、「自治体を挙げての課題」とすることができていなかったことがあると考える。

　例えば、日本で開催される「海外先進都市の交通まちづくり」に関する研修や講演会に出席すると、参加している自治体の職員は専ら交通や都市計画の部署の職員であり、総合計画を所管する企画や計画部門の職員がいることはまれであった。

　また、「交通まちづくり」について自治体の計画の対応としては、「地域公共交通網形成計画」や「都市計画マスタープラン（立地適正化計画を含む）」などの「個別計画」で取り扱ってきた。

　しかし、今回見聞した三都市がそうであったように、LRT

やBRTなどの公共交通を整備して、歩行者中心の移動距離の短いコンパクトな街をつくる「交通まちづくり」は、都市のあり方そのものを変える取組みとなる。

　公共交通のほか、都市計画や市街地整備、観光・産業振興、健康・福祉、環境・自然エネルギーなど多岐にわたり、役所を挙げての全庁的な対応や全市的な市民参加が必要な政策課題である。特定の部署や特定分野の「個別計画」のみで対応するものではなく、自治体の「総力戦」の体制で、計画についても「総合計画」の重点課題に位置付けて取り組むべき政策課題なのである。

3　「コンパクトシティ政策の三本柱」の議論を

　筆者は以前、拙著『これからの総合計画～人口減少時代での

【資料】一條義治『これからの総合計画～人口減少時代での考え方・つくり方』第2版・イマジン出版（2015年）

考え方・つくり方』で、書名のとおり人口減少時代の総合計画のあり方を提案した。それは、人口と歳入歳出の的確な推計データを基礎として政策の優先順位を定め、人口減少に適応する持続可能な都市を実現するための総合計画を策定することである。

　しかし今日の都市の状況は、人口減少に伴いコンパクトシティの推進が求められているのに、「はじめに」で述べたように学識者から「焼き畑農業的対応」と批判されるような郊外の無計画な開発を許容し続け、都市のスプロール化と中心部の空洞化が広がり、街の崩壊が進行している。

　またその影響として、車中心の都市において移動や買物の困難者が激増し、高齢者の運転による悲惨な事故も頻発している。

　これらの問題は、その打開策を見出だしたいという欧州先進都市の訪問の動機でもあったのだが、見聞の結果、「交通まちづくり」による街の再生と活性化の取組みの必要性を再確認したのである。

　その推進のためには、三都市の取組みから、「公共交通」・「財源」・「都市計画」の「コンパクトシティ政策の三本柱」のあり方について合意形成を図り、実行に移すことが必要と考えるところである。

　まず、「公共交通」のあり方については、富山市や宇都宮市のように新交通システムとしてLRT導入の可能性があるのか、あるいはバスシステムの再編・強化をするのかなどの検討があるが、それを支える「財源」の課題も含めて、これまでの公共交通の「考え方」と「位置付け」を転換する議論が必要である。

　日本では、公共交通は民間事業者が独立採算で行う営利事業とされてきたが、人口減少の進行により民間事業者の撤退と公共交通ネットワークの崩壊が進んでいる。

一方で欧州では、公共交通は行政が主体的な役割を担う公共サービスであり、第3節で「街の水平エレベーター」の例えも紹介したが、狭い収支のみで考えるべきでないとされている。

もしデパート（都市）が、エレベーター（公共交通）はコストがかさむと1時間に1本の運行にしたり廃止したりすれば、たちまち客が来なくなってその店は寂れるが、それは今の日本の地方都市の姿と重ならないだろうか。

これからは公共交通は都市を構成する社会インフラであると考え方を転換し、持続可能な運営のために、フランスの公共交通で主流となっている、行政が車両を含めたインフラ部分を整備・保有し、民間事業者は運営だけに責任を負う「上下分離方式」の公設民営方式の導入を含め、行政が担う役割と財源・公費負担のあり方を本格的に検討すべきと考える。

4 市街地を拡大させない都市計画の運用に

「三本柱」の最後の「都市計画」についても、これまでのあり方を転換する検討が必要である。

日本の都市計画は、フランスやドイツの「計画なければ開発なし」・「建築不自由の原則」と異なり、「建築自由の原則」により緩やかな手法を用いてきた。

コンパクトシティを目指すとして立地適正化計画を策定した自治体でさえ、その運用は変わらず、人口集中地区（DID）の面積は拡大している。

本来は、三都市のように交通計画や住宅計画との連動や規制手法を駆使して、中心部や拠点の低密度化の進行によって商店や病院、サービス施設などが成り立たなくなるのを阻止する必要がある。

しかし、立地適正化計画において有効な手法である「勧告」が、

本来の目的のため行使された事例はゼロである。「勧告」のような有効な手法が用意されていても、「これ以上、市街地を広げない」という市民間の合意がなければ、その手法を実行することは難しいのであろう。

　将来にわたり人口密度や都市機能を維持・向上させるために、中心部や拠点の集約化を図る。そのためには、各自治体が市街地をこれ以上拡大させないことを前提とした都市計画の運用に、大きく舵を切ることが必要である。

5　「第2期地方版総合戦略」でコンパクトテシィのあり方を検討しよう

　以上のように、コンパクトシティを推進するためには、その条件である「三本柱」のあり方について議論して合意を図る必要があるが、それは、これまでの考え方や方針・政策を大きく転換するものであるため、全市的な参加と討議の機会となる「総合計画」の策定の場が最もふさわしいと考える。

　しかし、自治体の総合計画は10年や15年を計画期間とし、頻繁に策定や改定を行うものではないため、次の策定等の時期が相当あとになる自治体も多い。そこで総合計画の策定に先行して、コンパクトシティのまちづくりのあり方を検討する場として提案するのが、2019年度から全国で進められる「第2期地方版総合戦略」の策定である。

　2014年に制定された「まち・ひと・しごと創生法」に基づき、国は中長期の目標人口等を掲げた「長期ビジョン」と「国の総合戦略」を策定することが定められ、自治体はそれを勘案して「地方人口ビジョン」と「地方版総合戦略」（以下、「人口ビジョン」、「総合戦略」という）を策定することが努力義務とされた。

　自治体の「総合戦略」については、「遅くとも2015年度中に

策定を」という国の要請どおり、ほぼ全ての自治体が同年度中に策定し、2019年度が5年間の計画期間の最終年度となる。

そして国は2018年の6月に「まち・ひと・しごと創生基本方針2018」を閣議決定し、2019年度で終わる現行の国の総合戦略に続く次の5か年の第2期総合戦略を策定すると決め、「地方創生」を2020年度以降も続けるとした。

この国の方針を踏まえて、2020年度を初年度とする「第2期地方版総合戦略」(以下、「第2期総合戦略」という」)の策定の進め方などについては、現行の総合戦略策定の時と同様に、今後、国から「策定のための手引き」などが示されると思うが、基本的な方向性は、現在の総合戦略の達成状況等を踏まえた「部分改訂」になると思われる。

6　根拠なき「目標人口」と「合計特殊出生率」の結果

しかし国の方針にかかわらず、今回は自治体側で主体的な策定に取組み、現行の総合戦略を「抜本的に見直す」ことが必要であると考える。

その理由のひとつを、現行の人口ビジョンと総合戦略に掲げた「目標人口」や、総合戦略の基本目標として最も多く設定された「合計特殊出生率」を例に述べてみたい。

国と自治体が目標を設定することが必要とされた2060年の人口については、国立社会保障・人口問題研究所(社人研)の推計では国全体で3割減少する8,674万人と予想していたが、国は長期ビジョンで2割の減少に抑えて1億人の人口維持を掲げた。そして自治体の人口ビジョンでは、バラツキもあるが合算すると2060年の人口はおおむね2割減少の推計で、国の目標と奇しくも一致していた。

このように、国と歩調を合わせて「上方修正」した自治体の

目標人口は、急速に回復すると見込む合計特殊出生率が前提となっている。国の長期ビジョンでは、2020年に1.6、2030年に国民希望出生率の1.8、2040年に人口置換水準の2.07を回復するシナリオだが、自治体も同じパターンの出生率の実現を掲げたところが多かった。

しかし現実は、初年度の2015年こそ1.45まで回復したが、その後2016年は1.44、2017年は1.43と2年連続で低下し、最初の目標として来年の2020年に達成するとした1.6は背中さえも見えない。

そもそも、策定時の出生率が1.3前後の自治体が5年後に1.6を達成するという、国を挙げて出生率の向上に取り組んできたEU諸国でも成し得ていない急速な回復がなぜ日本の自治体で実現できるのか、具体的な説明はなんら示されていない。

また、ある市が設定した目標人口が県との整合が図られていないと明確な根拠もなく「上方修正」を求められたり、社人研の推計値の3倍ともなる目標人口を設定した自治体の首長からは、それは「行政の覚悟の問題」と説明がなされるなど、近年、盛んに唱えられているEBPM（Evidence Based Policy Making）－「根拠に基づく政策立案」など吹き飛んでしまっている。

7　総合戦略の改定は「抜本的な見直し」で進めよう

このような国や県への追随も、「まち・ひと・しごと創生法」で、都道府県は国の総合戦略を、市町村は国と都道府県の総合戦略を「勘案」すると定められ、また「市町村が都道府県の総合戦略と整合しない戦略を立てることには問題がある」と内閣官房の担当が述べるなど、総合戦略の策定が分権型のボトムアップではなく、集権型のトップダウンであることを裏付けている。

さらに、このような法の規定に加えて地方創生の交付金には、

総合戦略の策定時期・内容、対象事業の計画・目標等を踏まえて国が選別するものがあり、しかも財政状況の厳しい自治体にとって無視し得ない交付額であるため、なおさら国の意向に沿ったものになったと考える。

思えば、わずか1年の期間の中で、国や都道府県の計画や審査に配慮し、あるいは交付金の獲得を考えて急ごしらえをした総合戦略の目標や施策を再検証すれば、当然ながら、「抜本的な見直し」が必要であろう。

8　国がやらなくとも「人口ビジョン」を改定しよう

「抜本的な見直し」の検討資料のひとつが、2015年の国勢調査を基にまとめられた社人研の「地域別将来推計人口」である。

2018年の3月に公表された全国の自治体の将来推計人口では、東京圏の人口集中と地方都市の人口減少が顕著であり、早くも2045年には7割以上の市町村で人口が2割から4割以上減少するとの結果が出るなど、国と整合を図って目標人口を強気に「上方修正」した自治体には、厳しい現実が突き付けられたと思う。

また、現行の総合戦略の策定において、当時、国が自治体に出した通知では、「留意すべき事項」に加えて「施策の基本的方向の例」まで書き込むとともに、具体的な事業でも旗を振り、地域経済の活性化策では「プレミアム付き商品券」を例示した。

その結果、同様の傾向の総合戦略が策定され、また、事業レベルでも98%の自治体が全国横並びでプレミアム付き商品券を発行したことは「苦い記憶」なのではないだろうか。

「全国一律の施策を展開するのではなく、地方が自ら考え、責任を持って取り組む」ことが「地方創生」の本旨であると、皮肉にも国の方針で述べられているが、第2期総合戦略の策定

においては、自治体の自立的な発想と自らの問題意識に基づき、本当に必要と思う施策を定める必要があろう。

　また、国は早くから、国の次期総合戦略の策定を掲げたが、一体的に策定した長期ビジョンの見直しについては一切言及していない。出生数・出生率とも低下し、2017年の4月に公表された社人研の国全体の人口推計を見ても、2060年の1億人の人口維持はかなりに困難になっている。しかし、それを変更するのは「地方創生」を看板に掲げた政権の評価に直結すると避けているのであろう。

　自治体側は、今度は国の方針に付き合うことなく、第2期総合戦略の策定に当たっては、直近のデータを見据えて人口ビジョンの的確な改定を同時に行うべきと考える。

9　国の方針と決別し人口減少を前提とした総合戦略を策定しよう

　提案する「総合戦略の抜本的な見直し」とは、総合戦略の「前提」や「あり方」を見直すことを含んでいる。

　そもそも国が進める「地方創生」は、人口減少は「阻止すべきもの」という前提で立案され、「消滅可能性都市」から脱却し、「消滅可能性」を引き下げるために、全ての自治体が人口の維持・増加に取り組むことが求められている。

　その結果生じているのが、立地適正化計画を策定した自治体でさえ、市街化調整区域の規制緩和をしてまで無計画な宅地開発を行い、人口増加策を進めている現状である。確かに、地価が中心部の半分以下の調整区域に若い世代向けの安価な住宅を大量に供給すれば、人口は増加して「消滅可能性都市」からも脱却し、それは首長の評価にもつながるかもしれない。

　しかし、無秩序なスプロール化した宅地開発に連動する、都

市施設の維持と行政サービスの提供に伴う「永続的」な財政負担とともに、日本ではほとんど考慮されないが、CO_2排出量を含めた環境への影響を考えれば、「消滅可能性」は回避しても、その自治体の「持続可能性」は間違いなく低下しているである。

このようなことから、第2期総合戦略の策定に当たっては、人口減少は「阻止すべきもの」という国の方針とは決別し、人口減少を前提とした持続可能な都市のあり方や、戦略的な都市縮小のあり方について自治体を挙げて議論し、計画に掲げることが今こそ必要であると考えるのである。

10 「都市圏総合戦略」を主体的に策定しよう

最後に提案するのが、第4節で紹介したフランスのPLUIのような、都市圏での総合計画の策定である。

都市の集約化やコンパクト化に本気で取り組もうとする自治体があっても、隣接する自治体が規制緩和策で郊外に住宅開発や大型店を誘致すれば、コンパクト化は画餅に終わる。現状は、それぞれの自治体が「地方創生」のもとに、住民獲得や税収拡大を目指して部分最適の政策に走り、圏域内で人口と税収の奪い合いをしている。

圏域内で無秩序な開発が進み、全体的に人口密度の低下を助長しながら、薄く広く市街地が拡散し続けている無計画で非効率な状態に陥り、結局は、都市圏全体の魅力と持続可能性の低下につながっている。

一方、フランスでは、「土地消費の抑制」と環境目標への効果的な対応や、都市間の連携と役割分担をさらに進めるために、単独の自治体の都市計画から都市圏レベルのまちづくり総合計画への移行を図っている。

圏域化の推進については、総務省の「自治体戦略2040構想

研究会」の報告に対して、全国市長会会長や町村会会長が「上からの押し付け」と反発したが、都市圏全体での取組みの必要性を否定するものではないであろう。

そうであれば、地方からの自主的・分権的な取組みとして、各自治体での第2期総合戦略策定と並行して、国の制度にはないが、広域レベルの「都市圏総合戦略」の協議・策定を進める必要があると考えるところである。

11　自治体の政策で都市は変わる！

日本の地方都市では、中心部の空洞化やシャッター通り化は「普通の光景」となり、それは避けられないものと思われてきた。

しかし、今回の渡欧で目の当たりにしたのは、同じく人口減少が進むドイツの中で、首都圏から遠く離れた国境近くの「辺境の地」にあるフライブルクが環境重視のコンパクトなまちづくりを進め、結果として欧州全域からの環境関係の研究所や企業の進出が行われ人口も増加するなど、街の活性化につながった成果であった。

同じく周辺部にあるストラスブールは、かつては「二度と行こうとは思わない」とまでいわれた車中心の空洞化の進む寂れた街から、LRT導入による歩行者中心のまちづくりを進めて街の再生を成し遂げ、その政策と手法は瞬く間にフランス全土に広がったのである。

つまり、「自治体の政策で都市は変わる！」ということを、今回の三都市の見聞によって確認し、そして確信することができたのである。

街と人が壊れ行くのを食い止め、我が街の再生をかけて、それぞれの職場で奮闘する同じ自治体職員の皆さんに、本書では、それこそを伝えたかったのである。

苦闘した本書の拙い報告と提案が、僅かながらでも皆さんの取組みの参考になれば、望外の喜びである。

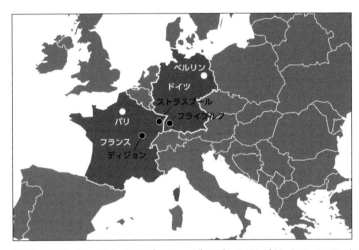

【図】フランス・ストラスブール、ディジョン及びドイツ・フライブルク位置図

おわりに 今こそ、「コンパクトで開かれた都市」を創ろう！

1　初めて見た光景

　日本への帰国が近づいていた日に、ドイツのフライブルクで市の中心部に行くLRTに乗車していると、車椅子の若い男性が、介助者なく自走でLRTに乗車してきた。

　「やはりバリアフリーでも優れたLRTなら、車椅子の利用者も1人で乗れるのだなあ」と感心して見ていると、後に続いて、もう1台の車椅子の男性も単身で乗車してきた。2人は車内で笑いながら会話を始め、どうやら連れ立っての移動中のようであった。

　私は、我が国で最も公共交通が整備されているといわれている東京に暮らしているが、未だかつて車椅子の利用者が、複数で介助者なしにバスや電車を利用する光景を見たことがなかったので、とても驚いた。

　私は2人に、「これからどちらに行かれるのですか。介助者なしで、2人で交通機関を使って出かけることはよくあるのですか？」とヘタな英語で尋ねた。

　見知らぬアジア人からの突然の質問に、最初は驚いたようで

【写真1】ドイツやフランスのバリアフリーのLRTやBRTなら、車椅子の利用者も自走で乗降車できる。

あったが、2人は仲の良い友人で、これから市内の予約したレストランに食事に行くところであり、2人だけでLRTやバスなどの公共交通を使って出かけることは「日常的」なことであると、笑いながら答えてくれた。

　その後、下車するところを撮影させていただき（写真１）、2人を見送りながら、私は日本でのバスの光景を思い出していた。

2　日本で見た光景

　ある日、車椅子の男性と介助の女性が待つ停留所にバスが停車すると、運転手はハザードランプを点滅させ、上着を脱いで混み合った車内の後方に移動した。それから車椅子を固定する所定の位置にある座席の人に立ってもらい、複数の座席を跳ね上げ、他の乗客に詰めてもらって車椅子のスペースをようやく確保した。

　そして後ろの降車口の下部に設置されている鉄のスロープを引き出し、体格のよい車椅子の男性を運転者が必死になって傾斜のスロープを押し上げ、車椅子を車内の所定の位置にベルトで固定した。その後、運転席に戻って前の乗車扉を開けて、バス停で待っていた他の多くの利用者の乗車が完了してから発車したのであった。

　運転手の手際は決して悪くはなかったが、それでも5分以上は停車しており、発車して運転しながら大汗をぬぐう運転手を見ていると、日本では車椅子で公共交通を利用することは、こんなにも大事なのかと思ったのである。

　私はフライブルクのLRTで、車椅子で介助なく移動する2人と話をして、日本でも車椅子の利用者が連れ立って公共交通で出かけたいというニーズは、当然あるに違いないと改めて認

識した。

　しかし、それを見たことがないのは、1人の車椅子の乗車で
も大事なのだから、複数でのバスなどの交通機関への乗車は、
利用する方が遠慮し、そして諦めているのだと思ったのである。

3　「移動回数を減らさない」都市政策とまちづくり

　欧州のコンパクトシティが目指す「ショートウェイ・シティ」
という理念を、これまで「移動距離の短い都市」と述べてきた
が、正確にいえば、「移動距離は短く、しかし移動回数は多い
都市」なのである。

　つまり、街がコンパクトにまとまり、職住近接で、商業施設
なども近くに設置されることによって移動距離が短くなり、環
境にも寄与し、それは移動のしやすさにもつながる。

　あわせて、車を運転できない高齢者や子ども、車椅子利用者
などの「移動弱者」が外出を控えることがないように、バリア
フリーのLRTやBRTなどの公共交通を整備するとともに、
シェアサイクルや自転車専用道、遊歩道、そしてトランジット
モールなどを設置することによって、複数の移動手段の確保や
移動環境を整備してきた。

　つまり、「移動すること」は生活の基本であり、かつ権利で
あると捉え、「移動回数を減らさない」都市政策とまちづくり
を進めてきたのである。

　フライブルクのLRTやBRTには、写真2のように車両に
車椅子利用者の専用スペースがあり、あわせて車椅子の利用者
が乗降車することを知らせるボタンが、一般の乗降車ボタンと
並列して設置され、乗務員が単身を含めた車椅子利用者の安全
な乗り降りを確認しているのである。

　これらは、車椅子利用者が公共交通を利用することを「大

【写真2】写真右の降車ボタン（ドアを開くボタン）は、上が一般用、下が車椅子利用者用になっている。

事(ごと)」でなく、「普通のこと」とするための取組みといえよう。

4　6か国語対応のLRT券売機と9か国語の運賃説明

　ほかにも、私がフライブルクのLRTを利用して驚いたことは、券売機が、ドイツ語、英語、フランス語、イタリア語、スペイン語、トルコ語の6か国語に切替え対応するタイプであるとともに、車内に設置された運賃の説明表示は、それに加えて、オランダ語、ポーランド語、ロシア語の9か国語で書かれていたことである（写真3）。

　ストラスブールのLRTの券売機も5か国語に対応していたが、事前に確認していた各都市の交通公社のウェブサイトでは、券売機が複数の言語に対応しているなどの記載はなかったので、現地で見て驚いたのである。つまり、そのような対応は特にPRすることでもなく、「普通のこと」なのであろう。

　訪問した三都市では、いずれも駅や停留所、レストランなどでは様々な言語が飛び交っていたが、このような「普通のこと」

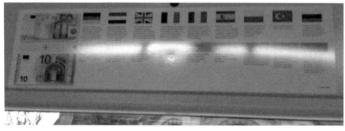

【写真3】LRTの停留所にある6か国対応の券売機と、車内のドア上部に設置された9か国語で運賃を説明するパネル。

である国際化の対応により、多くの外国人が訪れ、活動することによって、街のにぎわいの創出と活性化につながっているのである。

　一方、我が国では、東京の地下鉄の券売機が複数言語に対応する機器に入れ替わったということが報道されていたが、それは「特別のこと」だからニュースになるのであろう。

　そして、近年、国は人口減少時代におけるまちづくりとして、「関係人口」の拡大による街の活性化を進めている。総務省によると、「移住した『定住人口』でもなく、観光に来た『交流人口』でもない、地域と多様に関わる者である『関係人口』に

着目し、地域外からの交流の入り口を増やすことが必要である」としている。しかし、「地域外からの交流を増やす『関係人口』の施策」では、これまで海外から訪れる外国人は「対象外」とされてきたのである。

人口減少に対応する「コンパクトシティのまちづくり」とは、ともすると「島国日本」が陥りがちな、「小さく、内向きで、閉ざされた街」をつくることでは決してないはずである。

日本が開国して世界に開かれた国づくりを始めて1世紀半が過ぎ、オリンピック・パラリンピックの開催を来年に控えた今、目指すべきまちづくりのあり方とは、「ショートウェイ・シティ」の理念も踏まえ、「移動と国境のバリアをなくし、コンパクトで開かれた都市を創る」ことではないかと、三都市の実践から学んだのである。

5　探し求め、たどり着いた、まちづくりの実践

フライブルクで新年を祝う多数の花火が、街のシンボルである大聖堂の周辺で次々と打ち上がるのを見ながら（写真4）、私は、「道中では大変なこともあったけれど、三都市を訪れて本当に良かったなあ」と感慨にひたっていた。

欧州の情勢が不安定なことも影響して、予期せぬ旅のトラブルにも見舞われたこともあったが、「移動と国境のバリアをなくし、コンパクトで開かれた都市を創る」ことの重要性は、文献や資料だけでなく、各都市を自分の目で見て、その空気を感じることによって、たどり着いた結論なのである。

そして、私はフライブルクの花火を見ながら、数年前にやはり海外で新年を迎えた、イギリス・スコットランドの首府のエディンバラの街なかで聴いた、「蛍の光」を思い出していた。

「蛍の光」は日本の曲と思われているが、もともとはスコッ

トランドの民謡である。また、日本では卒業式で歌われるように「別れの歌」となっているが、原曲は旧友との再会を祝福する「祝いの歌」であり、イギリスなどの英語圏の国では、大晦日のカウントダウンで年が明けた瞬間に合唱し、皆で新年を祝うのである。

　今回はドイツのため「蛍の光」の合唱はないが、この旅で、これまで探し求めていたまちづくりの実践にたどり着いたことが、あたかも旧友に再会したような感覚と重なり、打ち上がる新年の花火を見ながら、英語で聞いた「蛍の光」をリフレインしていたのである。

　3つの先進都市での貴重な出会いと経験に感謝しつつ、この「欧州コンパクトシティ見聞録」の筆を置くにあたって、結びに記しておきたい。

　今こそ、「コンパクトで開かれた都市」を創ろう！

【写真4】フライブルク大聖堂は、1200年に建設が開始されたゴシック様式の荘厳な歴史的建築物であるが、大晦日から新年の未明にかけて雰囲気が一変し、周辺の広場ではにぎやか過ぎるほど花火が打ち上げられる。

付録 *Book review*【ブックレビュー】
(『自治実務セミナー』2018年6月号より)

『"脱ミシュラン"フランス地域巡り
　　　—やまさか爺回想録』

やまさかのぼる［著］第一法規（2017年）

［レビュアー］三鷹市総務部調整担当部長　一條　義治

　日本の温泉旅館でゆったりと過ごす旅は至福のひとときであるが、自分の価値観や、あるいは人生観まで変わるような経験ができるのは、やはり海外旅行である。そのような思いから、私はテーマを決めて時折、海外を訪れている。

　2014年は、スコットランド独立の住民投票の結果を世界が注視したが、なぜ、かくもイギリスからの独立と自治を望むのか、その背景と歴史を感じたいと思ってその年末に渡英し、レンタカーを借りてイングランドからスコットランドまで500キロを縦断して独立戦争の史跡を巡った。

　そして最近は、人口減少時代の都市政策として「コンパクトシティ」のまちづくりが日々唱えられているが、欧州の都市の実践をこの目で見る必要があると思い半年ほど前にフランスなどを訪れ、先進的なまちづくりを見聞してきた。

　しかし、このような問題意識を持ってフランス行きを計画する場合、市販のガイドブックやフランス発祥の「ミシュランガイド」では、観光地や著名人お墨付きのレストラン、ホテルなどの情報を得ることはできても、自治やまちづくりの視点による訪問都市の情報を集めることは難しい。

　そこで私が活用し、お薦めする本書は、旧自治省の職員で明治大学教授の山下茂（筆名・やまさかのぼる）氏が、自治体国

際化協会（CLAIR）のパリ事務所長として赴任した４年間に、フランス国内を「縦横無尽」に地域巡りをしたときの回想録である。

　本書では、著者は自分を「爺」と親しみやすく称し、フランスの各都市の風土や味覚、そしてお酒の楽しみなどの「硬軟」交えた内容を、ユーモアあふれる文章とともに、多数の写真と自作の挿絵を添えて読みやすく紹介している。

　何より本書の特色は、比較地方自治を専門とする著者が、フランスの自治制度を学術調ではなく、エッセー調で分かりやすく解説するとともに、それぞれの地域を自治とまちづくりの視点を踏まえてつづっている点である。

　例えば、私も訪れたアルザス地方のストラスブールは、LRT（新型路面電車）による街の再生で「奇跡」といわれる成果を上げ、その政策はフランス国内に一斉に広まったが、本書では同市のLRTによるまちづくりについて、「何と言っても、何度行っても、路面電車」との見出しで、経営や財政面も含めて５ページを使って詳しく紹介している。

　また、私が実感を込めて「役に立った」と紹介するのは、海外で公共交通を利用する際の注意点と危機管理である。

　飾らない、お金をかけない「脱ミシュラン」スタイルの旅には、公共交通の安全で確実な利用が欠かせない。そこで、「ワルによる細工」もある駅の券売機の注意点や、到着直前にならないと表示板に出ない発着ホームの情報、そして先頭から１号車の順番でないことがある列車編成（真中が１号車のときも！）の情報などは、日本人には「想定外」でうろたえてしまうとこ

Book review

ろであるが、本書で知っていたおかげで「想定外を想定」して行動することができた。

　また、夜の長距離列車に乗った際に個室タイプの車両はガラガラで、8人用の個室を「ラッキー」と1人で利用しようとしたとき、「ワルの悪事に遭わないためには良い席にこだわらず、一定の乗客がいる車両を選ぶべし」との記述が頭に浮かんだ。

　そこで、大荷物を持ってやや混み合った一般タイプの車両に移動したのだが、しばらくして個室車両の様子を見に行くと、ヤンキー風のフランス人（変な日本語ですが）数人が、他の乗客が見えない車両を奇声を発しながら走り回っていた。

　あのまま乗っていたら「もしや」と思い、「爺、ありがとう」の言葉が出たのであった。

　さて、日本の自治体においては、欧州の都市政策、特に都市計画やLRTなどの都市交通政策によるまちづくりの成果が顕著なフランスの都市の実践に学ぶところが大きいと思うが、私の実感からも、やはり「百聞は一見にしかず」である。

　著者が「優し国」と愛してやまないフランスの各都市の魅力を知り、楽しく、そして安全に旅行や視察をするきっかけとして、まずは本書を手にとることをお勧めしたい。

　「そうだ、フランス行こう」との思いが湧き上がってくること、間違いなしである。❀

著者紹介

一條 義治（いちじょう よしはる）
　三鷹市総務部調整担当部長

【略歴】
　1991 年、早稲田大学大学院政治学研究科修士過程修了後、三鷹市に入庁。生活文化部コミュニティ課、総務部文書課、小平市企画財政部企画課（派遣）を経て、2000 年より企画部企画経営課。
　同課では、総合計画、行政評価、自治基本条例等を担当し、2011 年は基本計画の策定を同課長として総括。
　2012 年より総務部政策法務課長、2015 年から総務部調整担当部長兼同課長事務取扱として、条例整備等の政策法務と訴訟・審査請求等の争訟法務を所掌。

【主な論文・著書】
・「コミュニティ行政 20 年の軌跡と課題」（自治体学会編『分権型社会の行政手法』良書普及会 1995 年）
・「民間事業者と創る「新しい公共」の理念と実践」（『実践行革事例集』公職研 2003 年）
・「『パートナーシップ協定』による市民参加方式の一考察」（『住民参加の考え方・すすめ方』公職研 2003 年）
・「新しい総合計画論」（北川正恭・縣公一郎・総合研究開発機構 (NIRA) 編『政策研究のメソドロジー・戦略と実践』法律文化社 2005 年）
・「三鷹市におけるアウトソーシングの軌跡と課題」（市場化テスト推進協議会編『市場化テスト』学陽書房 2007 年）

・「『指定管理者制度ありき』ではない多様な公共サービス提
　供手法の選択のために」（『指定管理者 再選定のポイント』
　公職研 2008 年）
・「転換期における自治体総合計画の課題と展望」（寄本勝美
　・小原隆治編『新しい公共と自治の現場』コモンズ 2011 年）
・「政策実施主体の選択と留意点」（『自治体政策づくり読本』
　公職研 2011 年）

・連載「欧州コンパクトシティ見聞録」（月刊『地方自治職
　員研修 』公職研 2018 年 7 月号〜 12 月号）
・連載「欧州コンパクトシティを訪れて、見たこと、聞いた
　こと、感じたこと」（月刊『自治実務セミナー 』第一法規
　2018 年 7 月号〜 12 月号）
　※本書掲載稿の初出誌

・単著『これからの総合計画—人口減少時代での考え方・つ
　くり方』第 2 版（イマジン出版 2015 年）

【主な出講先】
自治大学校、市町村職員中央研修所（市町村アカデミー）、
全国市町村国際文化研修所（JIAM）、
東京都市町村職員研修所、総合研究開発機構（NIRA）、
自治体議会政策学会（COPA）、日本経営協会（NOMA）、
日本生産性本部、自治体総合フェア、各自治体・大学等

お問い合わせ・連絡先
E-mail: joe@kud.biglobe.ne.jp

サービス・インフォメーション
━━ 通話無料 ━━

① 商品に関するご照会・お申込みのご依頼
　　　TEL 0120(203)694／FAX 0120(302)640
② ご住所・ご名義等各種変更のご連絡
　　　TEL 0120(203)696／FAX 0120(202)974
③ 請求・お支払いに関するご照会・ご要望
　　　TEL 0120(203)695／FAX 0120(202)973

● フリーダイヤル（TEL）の受付時間は、土・日・祝日を除く
　9:00〜17:30です。
● FAXは24時間受け付けておりますので、あわせてご利用ください。

自治体行政マンが見た　欧州コンパクトシティの挑戦
ー人口減少時代のまちづくり・総合計画・地方版総合戦略のために

2019年 6 月15日　初版発行

著　者　一　條　義　治
発行者　田　中　英　弥
発行所　第一法規株式会社
　　　　〒107-8560　東京都港区南青山2-11-17
　　　　ホームページ　http://www.daiichihoki.co.jp/

コンパクトシティ　ISBN978-4-474-06763-9　C0031 (7)